AI와 화장품

AI문고

인공지능 시대입니다. 기계가 인간의 인지를 대신하고, 사물이 인간을 통하지 않고 다른 사물과 직접 커뮤니케이션합니다. 이에 따른 인간 삶과 문명 변화를 정확히 이해·예측·대응하는 것은 이 시대 우리 모두의 과제입니다. AI문고는 인공지능 기술과 환경의 여러 주제를 10가지 키워드로 정리합니다. 관련 개념과 이론, 학계와 산업계의 쟁점, 우리 일상의 변화를 다룹니다. 인간과 기술의 현재, 미래를 세심히 분석합니다.

일러두기

- 인명, 작품명, 저서명, 개념어 등은 한글과 함께 괄호 안에 해당 국가의 원어를 병기했습니다.
- 외래어 표기는 현행 어문규정의 외래어표기법을 따랐습니다. 다만 '솔루션' 등은 관행을 따랐습니다.

처음이세요?

전문가세요?

AI와 화장품

김영삼·서동만·조현열

대한민국, 서울, 커뮤니케이션북스, 2025

AI와 화장품

지은이 김영삼·서동만·조현열
펴낸이 박영률

초판 1쇄 펴낸날 2025년 7월 16일

커뮤니케이션북스(주)
출판 등록 2007년 8월 17일 제313-2007-000166호
02880 서울시 성북구 성북로 5-11
전화(02) 7474 001, 팩스(02) 736 5047
commbooks@commbooks.com
www.commbooks.com

ISBN 979-11-430-0113-9 03500

책값은 뒤표지에 표시되어 있습니다.

차례

AI와 미래의 뷰티 산업 xi

01 AI 코스메틱 1

02 인공지능 트랜스포메이션 9

03 AI 패키징 17

04 코스테크 27

05 메타버스 고객 35

06 화장품의 개인화 43

07 AI 화장품 공학 학습 51

08 인공지능 개발 능력 61

09 내추럴 AI 코스메틱 69

10 화장품 중소기업과 AI 77

AI와 미래의 뷰티 산업

현대의 화장품 산업은 첨단 과학 기술과 함께 발전했다. 모발과 피부에 직접 사용되는 제품인 만큼 다양한 분야의 공학과 의료 과학 기술이 뒷받침되어야 해서다. 과학기술정책연구원(STEPI)에서도 『K-뷰티 산업의 혁신 원천 분석과 지속 가능성 진단』 보고서에서 "화장품은 정밀 화학의 한 분야로 기술 집약적 산업"이라고 평가했다.

이 같은 흐름은 4차 산업 시대가 도래한 현재도 동일하다. 첨단 기술의 상징인 '인공지능(AI)'이 화장품 산업에도 활용되기 시작한 것이다. 글로벌 뷰티 산업계는 현재 신규 화장품 제품 출시부터 고객 · 시장 분석까지 다양한 분야에서 AI 기술 적용 준비에 박차를 가하고 있다.

급변하는 시대의 발걸음

급변하는 시대에 살아남기 위해서는 산업 내 조직 구성원들은 새로운 기술에 대한 배움의 자세를 가지고 있어야 하며 변화를 두려워하지 말아야 할 것이다. 현재 전

산업 분야에서 디지털 전환(Digital Transformation)이 가속화되고 있다. 다시 말해 이전과는 같지 않은 근무 환경이나 새로운 방식의 업무 처리에 적응하고, 혁신적인 기술을 통해 업무 효율성을 극대화하는 능력을 키워야 한다. 또한 디지털 기술의 발전에 발맞추어 조직 구성원들은 유연한 사고방식과 협업 능력을 강화하고 변화에 빠르게 대응할 수 있는 역량을 지속적으로 개발해 나가야 한다(전승민, 2024).

대기업에서 AI는 많은 부분에서 적극적으로 활용되고 있지만 중소기업과 소규모의 기업에서의 활용은 적극적이지 않다. 당장 많은 비용 부담으로 인해 AI 도입이 어려운 경우가 많고, 전문적인 기술 인력 부족 또한 큰 장애가 된다. 이러한 기업들은 AI의 잠재력을 인식하고 있음에도, 초기 투자 비용과 운영에 대한 부담으로 도입을 미루거나 시도조차 하지 못하는 상황이다. 그러나 장기적으로 볼 때, AI는 업무 효율성을 높이고, 고객 경험을 개선하며, 경쟁력을 강화하는 데 중요한 역할을 할 수 있기 때문에, 중소기업도 점진적으로 AI 도입을 위한 전략을 마련하고, 필요한 인프라와 교육을 통해 이를 극복해 나갈 필요가 있다.

살아남기 위해서라면 변화해야 한다. 우리 모두는 항

상 다른 누군가와 경쟁을 하고 있다. 새로운 기술이라는 것은 어느 누구에게나 마찬가지다. 이 기술을 빠르게 습득하고 적응하는 자만이 경쟁에서 우위를 점할 수 있다. 변화에 대응하지 않으면, 결국 시대에 뒤처지고 말 것이다. 따라서 우리는 변화의 흐름을 받아들이고, 끊임없이 배우며 성장하는 자세를 유지해야 한다. 기술 발전은 더 이상 선택이 아닌 필수며, 이를 통해 새로운 기회를 창출하고, 더 나은 미래를 설계할 수 있다.

정보 기술(IT) 시장 분석 · 컨설팅 기관인 인터내셔널데이터코퍼레이션코리아(한국IDC)의 보고서에 따르면 국내 인공지능 시장이 향후 5년간 매년 평균 14.9%씩 성장해 2027년 그 규모가 4조4636억 원에 이를 것이라는 전망이 나왔다. 또한 시장 조사 기관 인사이트에이스애널리틱스(InsightAce Analytic)의 최근 연구에 따르면 전 세계 AI 뷰티 · 코스메틱 시장은 2021년에서 2030년 사이에 19.7%의 연평균 성장률(CAGR)을 기록하며 빠르게 성장할 것으로 전망하고 있다(Antriksh, 2024).

우리는 현시대에서 AI의 활용은 필수라고 생각하고 있다. 이전 AI가 없던 시절 많은 업무와 문제 해결에서 시간과 자원의 낭비가 많았고, 효율성은 지금처럼 극대화되지 못했다. 학교에서 학생들에게 가르치는 교육 내용은 현시대에 뒤떨어진 부분이 많다. 급변하는 기술 환경과 사회의 변화에 맞추어, 학생들이 실제로 필요로 하는 창의적이고 실용적인 기술을 배우는 데에는 한계가 있다(이영희, 2021). 당장 교수는 자신이 수업하였거나 가르칠 수 있는 내용만을 학생들에게 전달하는 방식을 유지하려 한다. AI의 다양한 부분을 학교 교육에 적용하거나, 학생들이 실제 현장에서 사용할 수 있는 AI 기반의 실습을 제공한다면 빠르게 변화하는 기술의 흐름에 앞서게 될 것이고 나아가 직무 수행에 필요한 핵심 역량을 충분히 쌓을 수 있을 것이다.

새로운 시대의 디지털 전환

우리는 현시대를 4차 산업 혁명의 시대라 말한다. 디지털화, 자동화, 그리고 상호 연결된 기술들이 결합되어 산업과 사회 전반에 혁신적인 변화를 일으키는 것을 말하며 이를 표현하는 주요 키워드로 변동성(Volatility), 불확실성(Uncertainty), 복잡성(Complexity), 모호성(Ambiguity)을 말한다(이민규, 2021). 바로 앞을 내다보기 힘든 4차 산업 혁명 시대에 우리 기업들은 어떻게 대처해야 할까? 최근 4차 산업으로의 전환을 마주한 기업들은 생존을 위해 발 빠르게 움직이고 있다. 대표적인 전략은 4차 산업 혁명 등의 정보 통신 기술(Information and Communication Technology) 개발과 시장 확대를 위한 AI의 도입이다. 하지만 대기업부터 소규모 스타트업까지 가장 중요시하고 육성하기 위해 노력하는 것이 있다. 이는 바로 여러 전략들을 실행하기 위한 인재 양성이다(이지혜, 2021). 기술의 발전이 인간을 위협하려 하는 시점이지만, 아직 이 모든 것을 실행한 인간의 중요성은 전혀 변함이 없다. 다양한 AI 기술이 있더라도 이를 활용할 줄 모른다면 기업 운영에 큰 어려움을 겪게 될 것이다. 결국 기술이 아무리 발전하더라도 이를 효과적으로 활용할 수 있는 인재가 없으면 그 가치가 온전히 발휘될 수 없다. 따라서 기업들은 기술과 함께 인재 교육과 역량 강화를 동시에 추진하며, 지속 가능한 성장과 경쟁력을 확보하려는 노력이 중요하다. 기술과 인간의 협력이 이루어질 때, 비로소 4차 산업 혁명의 진정한 효과를 볼 수 있을 것이다.

결론적으로 AI가 발달하고 뛰어난 AI 시스템이 기업 내에 들어온다 하여도 현재 우리가 하고 있는 업무 환경이 갑자기 달라지지는 않을 것이다. 다만 우리가 현재 사용하고 있는 시간, 비용, 그리고 자원 관리의 효율성은 크게 개선될 것이다. AI가 반복적이고 시간이 많이 소요되는 작업을 자동화함으로써, 직원들은 더 창의적이고 전략적인 업무에 집중할 수 있게 된다. 또한 데이터 분석과 예측을 통해 더 빠르고 정확한 의사결정을 할 수 있으며, 이는 기업의 경쟁력을 높이고 생산성을 극대화하는 데 기여할 것이다. 결국 AI의 도입은 우리의 업무 환경을 혁신적으로 변화시키는 것이 아니라, 기존의 업무 방식을 더 효율적이고 스마트하게 만드는 역할을 하게 될 것이다. 우리 모두가 AI를 적극 활용하여 산업의 미래 역량을 키우고 새로 나타날 수 있는 문제를 해결할 수 있도록 기업, 사회, 국가가 모두 AI의 발전과 도입에 힘써야 할 것이다.

책의 구성

이 책은 기업이 AI 도입의 효율성을 높일 수 있는 방안을 모색할 뿐만 아니라 4차 산업 혁명 시대에 AI 기술의 도입을 중심으로 화장품 산업을 포함한 뷰티 산업들이 어떻게 변하고 있는지에 대해 설명하고 있다. 현재 도입된 AI 기술이 산업에서 어떠한 역할을 할 것이며 여기에 우리가 대처해야 할 고민을 정리하였다. AI 코스메틱(1장), 인공지능 트랜스포메이션(2장)은 AI가 화장품 산업 내에 미치는 전반적인 영향에 대해 정리했다. AI 패키징

(3장), 코스테크(4장), 메타버스 고객(5장), 화장품의 개인화(6장), AI 화장품 공학 학습(7장), 인공지능 개발 능력(8장), 내추럴 AI 코스메틱(9장), 화장품 중소기업과 AI(10장)는 대부분 저자가 현장에서 경험하고 본 것을 기술한 것이다. 뷰티 현장에 있는 독자라면 모두 공감할 것이다. 현재 AI와 산업 내 가장 큰 이슈는 AI 시스템을 언제 어떠한 방식으로 현장에 적용할 것인가에 대한 문제다. AI를 기반으로 업무 시스템, 개발, 마케팅 등 다양한 분야를 어떻게 실현할 것인지에 대한 고민은 현장에 있는 모두가 가지고 있는 고민일 것이다.

우리가 현재 살고 있는 세상은 이미 디지털로의 전환이 상당히 진행되어 있으며 앞으로 모든 인간은 디지털 기술의 최정점인 AI 기술 속에서 살아갈 것이다. 이러한 변화는 단지 산업 분야에만 국한되지 않고, 우리의 일상생활, 사회적 관계, 교육, 의료 등 모든 영역에 걸쳐 깊숙이 영향을 미칠 것이다. AI는 단순히 업무를 자동화하고 효율성을 높이는 도구에 그치지 않고, 사람들의 사고방식과 삶의 방식을 근본적으로 변화시킬 잠재력을 가지고 있다. 다양한 기술적 발전은 우리가 지금까지 경험하지 못한 새로운 기회를 열어 주고 동시에 우리가 기존에 가지고 있던 일하는 방식과 사회적 구조를 재정립할 필요성을 강조한다. 결국 AI의 발전은 선택이 아닌 필수가 되어 가며 이 기술을 잘 활용하는 자만이 미래 사회에서 경쟁력을 유지하고 지속 가능한 성장을 이룰 수 있을 것이다. 끝으로 이 AI 총서의 내용들이 뷰티 산업 내의 구성원들에게 어떻게 AI를 이해하고 도입에 대한 조금의 길잡이가 되길 기대한다.

참고문헌

이영희(2021). 『온택트 시대의 공부법』. 마이북하우스.

이민규(2021.10.10). [창가에서] 따르는 자, 이끄는 자. 정보통신신문. https://www.koit.co.kr/news/articleView.html?idxno=89577

이지혜(2021). AI 전문가 양성을 위한 산학프로젝트 교육 프로그램 개발연구 - 대학교육 중심으로 - . ≪한국디자인문화학회지≫, 27권 2호, 383.

전승민(2024). 『십 대가 알아야 할 인공지능과 4차 산업혁명의 미래』. 팜파스.

Antriksh, P.(2024.5). 뷰티 및 화장품 시장의 AI. https://www.kingsresearch.com/ko/ai-in-beauty-and-cosmetics-market-701

Koit. http://www.koit.co.kr/

01
AI 코스메틱

AI 기술은 이제 화장품 산업의 미래를 이끌어 갈 중요한 요소로 자리 잡고 있다. 현재의 기술은 빠르게 발전하여 많은 부분에서 새로운 시도와 적용이 동시에 이루어지고 있다. 이에 따라 화장품 산업이 앞으로 어떻게 변화할 것인지에 대한 예측과 준비가 필요하다. 또한 AI 기술의 장점의 효과를 검증하고 새로이 나타날 수 있는 단점을 확인하여, 기업만의 문제가 아닌 사회, 국가가 함께 나서서 고민하고 해결해 나갈 방법들을 모색해야 한다.

AI와 1인 창업?

화장품 산업

화장품 산업은 좁게는 향수 및 화장수, 화장품을 제조하는 화장품 제조업을, 넓게는 화장품 원료의 제조와 화장품 용기 생산 등 화장품에 관련된 모든 재화와 서비스를 포괄하고 있는 것이며 한국 표준 산업 분류에 따르면 화장품 제조업은 향수 및 화장수, 화장품을 제조하는 산업 활동으로 정의할 수 있다. 또한 인체를 청결 · 미화하여 매력을 더하고 용모를 밝게 변화시키거나 피부 · 모발의 건강을 유지 또는 증진하기 위하여 인체에 사용되는 물품으로서 인체에 대한 작용이 경미한 것으로 정의되고 있다.

우리 한국 화장품 산업의 역사는 1970년대로 거슬러 올라간다. 1970년대에는 아모레퍼시픽 기술 연구원 등이 품질 관리, 제조 기술, 원료 선정법 등 다양한 부분에서 기술적 기초를 다지는 한편 기능성 화장품 개발에 주력하기 시작했다(노은우 · 한지수, 2024).

1980년대~1990년대에는 전 세계 코스메틱 시장에서 미백, 주름 개선 등의 기능성 화장품이 활발히 출시되는 한편 피부 과학계에서는 피부의 구조와 역할 등에 대한 연구가 진행되어 기능성 화장품의 발전이 이루어졌다. 2000년대는 소비자들 사이에서 기능성 화장품에 대한 인식이 제고되었다. 이에 미백 기술이 특히 집중 연구된 시기로, 분자 설계 기술의 적용으로 인해 기능성 화장품의 부작용이 크게 개선되었다. 또한 세계적으로 친환경, 자연주의 등의 콘셉트가 유행하면서 천연 화장품에 대한 개발 및 기능적 체계화 작업 등이 이루어졌다.

화장품과 AI

현재 사회는 인공지능 기술이 모든 산업 분야에 광범위하게 확산되며 사회를 변화시키고 있다. 인공지능(AI)의 발전으로 서비스업과 제조업에 자동화가 촉진되며 생산성과 업무 효율성이 향상되어, 이로 인해 인공지능 기술은 2035년까지 12개국의 16개 산업에서 기업의 수익성을 평균 38% 향상할 것으로 추정되고 있다(Accenture, n.d.).

최근 몇 년간 AI는 화장품 산업에서 마찬가지로 혁신적인 변화를 일으켰고 앞으로의 시장 성장에 큰 동력이 될 것이다. 뷰티 및 화장품 분야의 글로벌 AI 시장 규모는 2023년 35억 3700만 달러로 평가되었으며, 2031년까지 140억 5150만 달러에 도달하여 2024년부터 2031년까지 연평균 성장률(CAGR) 19.14%로 성장할 것으로 예상된다(Antriksh, 2024).

그렇다면 미래의 화장품 산업에서 AI는 어떠한 역할을 할 수 있을까? 사용하는 주체에 따라 두 가지로 분류해볼 수 있다.

첫째로는 기업에서의 AI의 적용이다. 화장품 기업에서 AI는 간단하고 빠른 피부 진단, 고객 맞춤형 제품 추천, 생산 자동화 등 다양한 분야에서 중요한 역할을 한다. 다시 말해 AI 기술의 발전은 화장품 기업들이 소비자의 요구를 더 정밀하게 분석하고, 맞춤형 제품을 제공하며, 혁신적인 신제품을 개발하는 데에 기여하고 있는 것이다.

예를 들어 로레알(L'Oréal)은 자사의 '르 탱(Le Teint)' AI 시스템을 사용하여 소비자들에게 맞춤형 화장품을 추천하고 있다. AI는 고객의 사진을 분석하고 이를 통해 고객 피부의 톤, 주름, 다크서클 등 다양한 요소를 정확히 파악하여 고객에게 개인화된 제품을 제공하는 것이다. 로레알은 자사만의 특별한 알고리즘을 이용하여 이러한 제품을 만들고 새로운 경험을 제공하여 고객의 만족을 높이고 다시 찾게 하는 것이다(https://www.loreal.com/).

또한 화장품 산업에서는 AI를 사용하여 생산 라인의 자동화와 품질 관리를 개선하고 있다. AI는 수많은 데이터를 분석하고, 이를 기반으로 제품의 품질을 최적화할 수 있는 것이다. 화장품 디스펜스 펌프 개발 기업인 연우는 AI를 통해 생산 계획, 실적 관리, 품질 관리, 금형 및 설비 관리를 수행한다. 설비와 직접 연동된 시스템을 통해 현장 작업 과정의 데이터를 집계하고 4M(Man, Machine, Material, Method)의 정보를 실시간으로 관리하는 생산 정보 경영을 구축해서, 기존에 많은 인력이 많은 시간을 투자하고 힘들게 관리하였던 체제를 벗어나게 되었다(http://www.yonwookorea.com/).

둘째는 고객이 AI를 통하여 더 세밀하게 개인화된 경험을 하는 것이다. 고객은 피부 상태, 환경, 유전적 요인 등 다양한 요소를 고려하여 맞춤형 화장품을 선택하고 AI가 이러한 데이터를 실시간으로 분석해 고객이 자기 자신의 요구를 반영한 제품을 자동으로 추천받는 것이다. 예를 들어 스마트폰 카메라나 AI 기반 장치를 이용해 개인의 피부 상태를 분석하고, 이에 맞는 스킨케어 제품을 추천받는 방식이다. 이를 통해 전문가와 상담할 때처럼 시간과 힘을 들이지 않더라도 간편한 제품의 구매에 도움을 받는다.

AI 기술은 이제 화장품 산업의 미래를 이끌어 갈 중요한 요소로 자리 잡고 있다. 현재의 기술은 빠르게 발전하여 많은 부분에서 새로운 시도와 적용이 동시에 이루어지고 있다. 이에 따라 화장품 산업이 앞으로 어떻게 변화할 것인지에 대한 예측과 준비가 필요하다.

하지만 여전히 우려스러운 부분은 존재한다. AI와 빅데이터 분석은 양질의 데이터 확보에서부터 시작이다. 수집된 데이터가 정확한지, 일관성을 가지는지 모니터링에 힘써야 하고 데이터의 보안과 프라이버시 이슈에도 적절한 대응과 준비를 해야 하며 정기적인 보안 교육을 통해 모든 구성원들의 보안 의식을 높이는 것도 중요하다. 구체적으로 데이터 암호화 기술을 적용해 저장 및 전송 중인 데이터를 보호하고 안전하게 관리하며 역할 기반 접근 제어(RBAC) 시스템을 구축하여 데이터의 접근 보안을 높여야 한다. 산업에 속해 있는 기업들은 윤리적 부분과 양질의 데이터 확보를 위해 많은 노력을 해야 할 것이며 특히 발전을 통한 새로운 기술은 윤리적인 측면이 고려된, 서로 조화로운 상태에서 AI의 활용이 중요할 것이다.

또한 AI 기술의 장점의 효과를 검증하고 새로이 나타날 수 있는 단점을 확인하여, 이러한 문제점들을 기업만이 아니라 사회, 국가가 나서 함께 고민하고 해결해 나갈 방법들을 모색해야 한다.

참고문헌

노은우 · 한지수(2024). 기능성 화장품 표시 광고에 대한 소비자의 광고 태도가 행동 의도에 미치는 영향. ≪한국인체미용예술학회지≫, 25권 4호, 181.

이권형(2010). 인천 화장품산업의 현황과 정책 과제. 인천발전연구원.

Accenture(n.d.). Generating growth. https://www.accenture.com/content/dam/accenture/final/accenture-com/document-3/Accenture-Accelerating-The-UKs-Generative-AI-Reinvention.pdf

Antriksh, P.(2024.5). 뷰티 및 화장품 시장의 AI. https://www.kingsresearch.com/ko/ai-in-beauty-and-cosmetics-market-701

L'oréal. https://www.loreal.com/

yonwookorea. http://www.yonwookorea.com/

02
인공지능 트랜스포메이션

AI가 점차 발전하면서 마케터의 역할도 변화하고 있다. AI는 많은 데이터를 처리하고 분석할 수 있는 능력이 있지만 우리 인간 마케터는 여전히 창의력과 전략적 사고, 그리고 브랜드의 감성적 연결을 구축하는 데 중요하고 핵심적인 역할을 한다. 마케터는 AI의 분석 결과를 바탕으로 브랜드 메시지를 설정하고, 캠페인 목표를 수립하며, 타깃 시장을 정한다. 이때 인공지능의 도움을 받기는 하지만 마지막 최후의 선택은 전적으로 인간이 하게 된다는 것이다.

AI와 MBTI?

인공지능 트랜스포메이션

인공지능(AI) 트랜스포메이션(Transformation)은 다양한 방식으로 해석될 수 있는 개념이지만 보통 'AI를 활용한 다양한 변화'나 'AI 기술로 인한 산업의 변화'를 의미한다. 기업들이 AI를 도입해 업무 효율성을 높이거나 새로운 제품과 새로운 서비스를 창출하는 과정에서 발생하는 변화와 관리를 인공지능 트랜스포메이션이라 할 수 있다(지식산업정보원 R&D 정보센터, 2018).

AI의 등장으로 기업에서 마케팅을 담당하는 마케터의 역할에 많은 변화가 일어났다. 전통적인 마케터의 업무는 기본적으로 브랜드나 제품을 시장에 알리고 소비자와의 관계를 구축하는 다양한 활동들을 포함한다. 또한 전통적인 마케팅은 주로 오프라인 매체, 인쇄물, TV 및 라디오 광고 등을 중심으로 이루어졌으며 주로 브랜드 인지도를 높이고 판매를 촉진하는 것을 목표로 했다. 핵심 업무는 시장 조사와 분석, 광고 실행 및 관리, 브랜드 포지셔닝, 고객 관리와 판매 촉진 활동이다. 하지만 기존의 마케팅은 기획 단계부터 고객 관리 단계까지 업무량이 많아 효율적으로 수행하기가 어려웠다. 현재는 AI와 빅데이터의 등장으로 이러한 것들을 효율적으로 수행할 수 있게 되었고 이에 따른 기업들의 준비와 마케터의 새로운 역할이 필요하다(김찬기, 2024).

대부분의 산업에서 마찬가지겠지만 기업이 생산하는 제품의 품질은 기본이고, 그에 따른 브랜드 포지셔닝과 마케팅은 아주 주요한 부분이다. 아무리 완성도 높은 제품이라 하더라도 알맞은 포지셔닝과 마케팅이 수반되지 않는다면 그 제품의 성공 가능성은 매우 낮을 것이다. 반대로 제품의 완성도는 조금 낮더라도 확실한 포지셔닝과 적절한 마케팅으로 고객에게 좋은 제품으로 다가설 수 있는 것이다. 이처럼 산업에서 마케팅을 담당하는 마케터의 역할은 제품을 연구, 개발하여 생산하는 연구자 못지않을 만큼 주요한 것이다.

인공지능 마케팅의 최적화

인공지능 마케팅 최적화는 AI의 강력한 분석 능력을 활용하여 마케팅 전략을 세밀하게 조정하는 과정이다. 마케터가 인공지능을 활용하여 고객의 행동과 데이터를 실시간으로 분석하고, 이를 바탕으로 개인화된 마케팅 캠페인을 제공하는 것으로 소비자의 구매 기록, 웹사이트 방문 패턴, 검색 기록 등을 분석하여 각 소비자에게 가장 적합한 광고를 제공할 수 있게 된다. 예를 들어 화장품 브랜드는 소비자의 피부 톤, 피부 고민, 선호하는 제품 종류 등을 분석해 맞춤형 광고를 보여 줄 수 있다(https://www.cosmax.com/). 이렇게 개인화된 광고는 더 높은 홈페이지 클릭률로 더 많은 고객들을 회사로 유입하게 하고 이어서 구매 전환을 가져 오게 된다. 현재 높은 클릭을 유도하기 위해 사용하는 비용을 절감할 수 있으며 회사가 원하는 고객들만 유입할 수 있는 방법도 만들 수 있다. 또한 AI는 소셜 미디어에서 사용자들의 반응을 실시간으로 분석하여 브랜드의 이미지, 포지셔닝, 제품에 대한 소비자들의 감정을 파악할 수 있다(이경렬 · 이경아, 2020). 트렌드 분석을 통해 어떤 키워드나 해시태그가 인기를 끌고 있는지 파악하여, 마케팅 전략에 실시간으로 반영한다. 예를 들어 특정 성분이 현재 가장 인기 있는 트렌드라면, 그에 맞는 광고나 콘텐츠를 제공할 수 있고 트렌드가 되고 있는 키워드를 사용함으로써 마케팅을 최적화하는 것이다. 이를 통해 화장품 브랜드는 더 많은 소비자와 직접적이며 실시간으로 소통할 수 있는 콘텐츠를 제작하고, 마케팅 캠페인의 성공률을 높이는 것이다.

마케터의 새로운 역할

마케터는 AI로 인해 고객과의 만남뿐만 아니라 만남의

전, 후에도 많은 도움을 받게 될 것은 분명하다. AI는 소비자의 수요 패턴을 분석하고 예측하여, 어떤 제품이 언제 가장 많이 팔리게 될지 시기를 예측하고 준비할 수 있게 한다. 예를 들어 계절에 따라 특정 성분이 함유한 화장품의 판매가 늘어날 것으로 예상되면, 미리 재고를 준비하거나 생산 계획을 조정할 수 있다. 이렇게 되면 과잉 재고나 품절을 피하고, 재고 회전율을 높일 수 있다. 기업의 입장에서 재고 관리 부분은 판매만큼 중요한 것이다(한재필 · 구자현, 2021). 이러한 물량을 AI를 통해 관리하고 AI가 효율적인 생산을 가능하게 한다면 기업의 부담은 현재보다 현저히 낮아질 것은 분명하다.

AI가 점차 발전하면서 마케터의 역할도 변화하고 있다. AI는 많은 데이터를 처리하고 분석할 수 있는 능력이 있지만 우리 인간 마케터는 여전히 창의력과 전략적 사고, 그리고 브랜드의 감성적 연결을 구축하는 데 중요하고 핵심적인 역할을 한다. AI는 데이터를 빠르고 정확하게 분석할 수 있지만 마케터는 그 데이터를 어떻게 해석하고 전략적으로 활용할지 결정하는 사람인 것이다. 다시 말해 마케터는 AI의 분석 결과를 바탕으로 브랜드 메시지를 설정하고, 캠페인 목표를 수립하며, 타깃 시장을 정하며 이때 인공지능의 도움을 받기는 하지만 마지막 최후의 선택은 전적으로 인간이 하게 된다는 것이다.

AI는 반복적인 작업을 자동화할 수 있지만, 창의성이 필요한 부분에서는 인간 마케터의 역할이 중요하다. 예를 들어 마케터는 AI 데이터를 기반으로 참신한 광고 캠페인을 기획하거나 새로운 제품의 론칭을 위한 전략을 수립할 수 있으며, 또한 고객의 감정적 반응을 이끌어 낼 수 있는 캠페인 아이디어를 제시하는 것은 마케터의 창의력과 경험에 달려 있다(정혜린 · 임창원, 2019).

이에 마케터들은 인공지능과 데이터 분석 기술에 대한 이해를 깊이 있게 다져야 한다. 인공지능을 활용하는데 필요한 기초적인 데이터 분석 능력이나 머신러닝 모델을 이해하는 것이 중요하다. 이를 통해 마케터는 더 나은 의사 결정을 내리고, AI 시스템을 효과적으로 활용할 수 있는 것이다.

또한 인공지능을 활용하는 데에 윤리적 문제도 중요하다. 마케터들은 인공지능이 소비자의 개인 정보를 어떻게 다루는지, 그 정보가 어떻게 사용되고 있는지를 고려해야 하며 데이터 프라이버시와 관련된 법률과 규제를 준수하는 것도 중요하다. 요컨대 마케터와 기업은 인공지능 활용에서 윤리적 기준을 엄격히 적용하고 관리해야 한다는 것이다(김효은, 2019).

AI는 디지털 마케팅 최적화와 스마트 공급망 관리를 통해 화장품 업계를 혁신적으로 변화시키고 있다. 마케터는 이 기술을 활용해 데이터 기반의 전략을 개발하고, 창의적이고 감성적인 커뮤니케이션을 통해 브랜드와 고객 간의 연결을 강화해야 한다. 미래는 인공지능과 인간 마케터의 협업을 통해 효율적이고 개인화된 경험을 제공하는 것이 화장품 업계에서의 성공을 이끌어 낼 핵심이 될 것이다.

참고문헌

김찬기(2024). 『빅데이터와 인공지능 기술을 활용한 디지털마케팅』. 인라이트컨설팅.

김효은(2019). 『인공지능과 윤리』. 커뮤니케이션북스.

이경렬 · 이경아(2020). 언택트 시대 플랫폼 비즈니스의 인공지능(AI) 활용 사례 연구. ≪상품문화디자인학연구≫, 62권 62호, 111.

정혜린 · 임창원(2019). 인공지능 기반 수요예측 기법의 리뷰. ≪응용통계연구≫, 32권 6호, 795.

지식산업정보원 R&D정보센터(2018). 『디지털 트랜스포메이션 기술 및 인공지능(AI) 관련 산업 실태분석』. 지식산업정보원.

한재필 · 구자현(2021). 『디지털 기반 성장을 위한 디지털 전환 정책과제』. 한국개발연구원.

Cosmax. https://www.cosmax.com/

03
AI 패키징

새로운 4차 산업 시대에 사물인터넷(Internet of Things)과 인공지능(AI) 기술이 결합된 AI 스마트 패키징이 혁신을 만들어 내고 있다. 현재의 제품 패키징은 단순히 완성 제품을 포장하여 보호하는 수준을 넘어 완성 제품의 상태를 실시간으로 확인하고 추적하며 소비자와 상호 작용하여 공급망 효율성을 높이고 소비자 경험을 극대화하는 데 기여한다.

AI와 난임 극복?

패키징의 새로운 변화

새로운 4차 산업 시대에 사물 인터넷(Internet of Things)과 인공지능(AI) 기술이 결합된 AI 스마트 패키징이 혁신을 만들어 내고 있다. 현재의 제품 패키징은 단순히 완성 제품을 포장하여 보호하는 수준을 넘어 완성 제품의 상태를 실시간으로 확인하고 추적하며 소비자와 상호작용하여 공급망 효율성을 높이고 소비자 경험을 극대화하는 데 기여한다(한누리, 2024).

AI를 활용한 패키징은 다양한 첨단 기술을 이용해 제품의 유통 과정을 개선하고 소비자에게 더 많은 제품의 정보와 사용상 편의를 제공하는 유통 포장 기술이다. 과거에는 단순히 유통하는 과정에서 제품을 보호하고 파손을 방지하는 기능에 머물렀던 패키징이 현재에는 제품의 품질 유지, 홍보, 정보 제공, 위조 방지 등 다양한 역할을 수행하고 있다.

AI 스마트 패키징에 적용되는 핵심 기술은 화장품 산업의 요구와 트렌드에 맞춰 발전하고 있으며, 그 중에서도 사물 인터넷, 빅데이터 분석, 센서 기술, 그리고 머신러닝(Machine Learning)이 중요한 역할을 한다(R&D정보센터, 2020).

첫째, 사물 인터넷 기술은 물리적 장치들이 인터넷을

통해 연결되고 상호 작용하는 시스템이다. 화장품 패키징에 사물 인터넷을 적용하면 소비자는 스마트폰을 통해 제품의 유통 기한, 사용 방법, 성분 정보 등을 실시간으로 확인할 수 있다. 예를 들어 QR 코드나 RFID 태그를 통해 제품의 정보를 쉽게 추적하고, 사용자가 제품을 어떻게 활용하고 있는지 모니터링 할 수 있는 것이다. 이를 통해 기업들은 고객들의 다변화하는 심리와 관심도에 대한 데이터를 축적하게 되는 것이다.

둘째, 빅데이터 분석은 대규모 데이터 세트를 분석하여 패턴이나 트렌드를 파악하는 기술이다. 화장품 브랜드는 소비자 행동, 선호도, 피드백 등을 분석하여 개인화된 경험을 제공한다. 예를 들어 AI는 소비자가 선호하는 색상, 성분, 사용 패턴 등을 분석하여 개인 맞춤형 제품 추천을 할 수 있다. 이에 소비자의 만족도는 높아지며 기업은 고객에게 개인 전문가를 두는 것 같은 생각을 불러일으킴으로 충성도 또한 높아지게 되는 것이다.

셋째, 센서 기술은 화장품 패키징에 상품의 물리적 상태를 실시간으로 추적할 수 있게 해 준다. 예를 들어 패키지에 온도 센서를 장착하여 제품의 보관 상태를 모니터링하거나, 습도 센서를 사용해 제품이 적절한 조건에서 보관되고 있는지 확인할 수 있다(https://www.apgroup.

com/). 이런 시스템은 소비자에게 제품의 품질을 보장하고, 소비자가 제품을 사용하기 전에 최적의 상태에서 제공받을 수 있도록 하는 것이다.

마지막으로 AI는 패키징의 디자인부터 유통, 소비자 피드백 분석까지 다양한 부분에 적용된다. 머신러닝 알고리즘은 소비자 선택과 행동 데이터를 분석하고, 이를 기반으로 더 나은 패키징 디자인이나 판매 전략을 예측하는 데 사용된다(주세페 보나코르소, 2022). 예를 들어 소비자가 선호하는 색상이나 패턴을 분석하여 향후 제품의 패키징을 예측하거나, 최적의 재활용 가능 패키징을 디자인할 수 있는 것이다.

현재는 제약 분야에 활발히 AI 스마트 패키징을 준비 중이다. 패키지에 내장형 RFID 칩, LED, 알약 제거 기능 등을 등록하여 약물 오용 시 경고를 울리거나 담당 의사에게 알림을 보내는 스마트 패키징이 개발되고 있고 이러한 기술은 환자의 안전성을 높이는 데 기여하고 있다. 또한 CJ 대한통운은 빅데이터 기반의 '박스 리빌딩' 기술을 통해 배송 박스 크기를 평균 19% 감소시키는 성과를 거두었으며, 접착식 라벨 대신 박스에 직접 바코드를 표기하는 '먹물 분사형 바코드'를 도입하여 코팅 라벨 사용량도 절감했다. 이처럼 제품의 유통에 관여하는 다양한 패키징이 현장에 도입되고 있다.

AI 디자인

AI 스마트 패키징은 제품의 상태, 생산비 절감, 효과적인 고객 분석에 사용될 뿐만 아니라 새로운 디자인 창조에도 도움을 주고 있다.

디자인은 오랜 기간 개인의 창의력과 예술적 감각에 전적으로 의존해왔다. 그러나 최근 몇 년간 AI가 디자인 분야에도 깊숙이 침투하면서 디자인의 패러다임을 변화시키고 있다. AI는 이제 단순한 도구를 넘어서 디자인 프로세스의 핵심적인 역할을 수행하며 혁신적인 디자인 솔루션을 제시하고 있다. AI 디자인은 자동화된 창의성, 효율성, 그리고 개인화된 접근을 통해 패키지 디자이너의 작업을 지원하고, 때로는 대체하는 데까지 도달하고 있다(이재익, 2020).

AI 디자인은 인공지능 기술을 활용하여 디자인 작업을 자동화하거나 보조하는 기술을 의미한다. AI는 알고리즘, 기계 학습, 딥러닝 등을 기반으로, 기존의 디자인 패턴을 분석하고, 새로운 디자인을 창출하거나 최적화하는 과정에 활용되며 AI 디자인은 다음과 같은 방식으로 구현될 수 있다 패턴 분석과 예측하여 자동화된 디자인 생성, 디자인의 최적화다. AI는 기존의 디자인 데이터를 학습하여 디자인 트렌드나 스타일을 예측할 수 있으며 사용자에게 맞춤형 디자인을 제안하고 텍스트, 이미지, 색상 조합 등을 기반으로 디자인을 자동으로 생성하거나 수정할 수 있다(설현진, 2023). 또한 디자인 요소를 분석하여 더 나은 사용자 경험을 제공할 수 있도록 디자인을 개선하는 데 도움을 준다. 수없이 많은 모델과 학습된 데이터로 인간이 창조하거나 인간의 예술적 감각을 뛰어넘는 디자인이 나오게 되는 것이다. 예를 들어 어도비 센세이(Adobe Sensei)는 어도비의 AI 기반 디자인 플랫폼으로, 디자이너가 더 효율적으로 작업할 수 있도록 돕는 다양한 기능을 제공한다(https://www.adobe.com/). 이미지 분석과 패턴 인식 기능을 통해 사용자가 업로드한 이미지를 자동으로 자르거나 색상을 최적화하는 작업을 자동화하며 AI는 디자인 요소를 분석하여 사용자의 스타일에 맞는 레이아웃을 추천하고, 자동으로 텍스트를 디자인에 맞게 조정하는 기능도 제공한다.

더 패브리컨트(The Fabricant)는 AI를 활용해 디지털 패션 디자인을 만들어 내는 혁신적인 패션 브랜드다. 이 브랜드는 디지털 의류를 생성하는 데 AI를 활용하며, 실제로 디지털 의류 NFT를 판매하기도 했다(https://www.thefabricant.ai/).

하지만 인공지능, AI 디자인이 만능은 아니다. 인간의 창의성을 벗어나기도 하지만 창의성이 부족할 수도 있는 것이다. AI는 기계 학습을 통해 기존 데이터를 분석하고, 이를 기반으로 디자인을 생성한다. 하지만 AI는 지금까지 존재하였던 기존의 디자인 패턴에 의존하므로, 창의성이나 독창성을 발휘하는 데 한계가 있을 수 있다. 이에 예술적인 감각이나 혁신적인 아이디어가 필요한 디자인에서는 AI의 역할이 제한적일 수 있다는 것이다.

또한 AI가 생성한 디자인이 저작권 문제를 일으킬 수 있다. AI가 기존 데이터를 학습하여 새로운 디자인을 만든 경우, 원본 디자인의 저작권을 침해하는 상황이 발생할 수 있다. 이러한 윤리적 문제는 AI 디자인의 법적 프레임워크가 정립되지 않은 현 시점에서 중요한 이슈로 떠오르고 있다(김윤명, 2023).

현재 AI 디자인은 디자인 분야에서 빠르게 자리 잡고 있으며, 효율성, 개인화된 접근, 비용 절감 등의 장점을 제공하고 있다. 그러나 AI의 창의성 부족, 기술 의존성, 윤리적 문제 등의 단점도 존재한다. AI는 디자이너의 업무를 보조하고, 반복적인 작업을 자동화하는 데 중요한 역할을 하지만, 여전히 창의적인 사고와 감성적인 디자인은 인간 디자이너에게 필수적인 요소다.

AI와 인간 디자이너가 협력하는 방식으로의 접근으로 AI 디자인은 디자인 혁신을 이끌어 낼 수 있으며, 앞으로의 디자인 트렌드를 형성하는 중요한 역할을 할 것이다. AI가 제공하는 도구를 활용하면서도 창의성과 감성을 결합한 디자인을 통해 더욱 효과적인 작업을 할 수 있을 것이다.

참고문헌

김윤명(2023). 생성형 AI와 저작권 현안. ≪정보통신정책연구원≫, 2023권 13호, 2733.

설현진(2023). 디자인 발상을 위한 이미지 생성 AI 활용 연구. ≪조형디자인연구≫, 26권 4호, 225.

이재익(2020). 인공지능산업과 디자인융합 연구. ≪한국과학예술포럼≫, 38권 1호, 157.

주세페 보나코르소(2022). 『머신러닝 알고리즘 마스터』. 홍릉과학출판사.

한누리(2024.11.3). [AI미래 2050] 스마트 패키징, IoT와 결합 '유통 혁신'…온도 조절 기능을 갖춘 액티브 패키징 기술까지. AI라이프경제. https://www.aifnlife.co.kr/news/articleView.html?idxno=24235

R&D정보센터(2020). 『인공지능 관련 주요 산업별 연구동향과 AI기반 언어/음성/영상인식 신기술분석』. 지식산업정보원.

Adobe. https://www.adobe.com/
Apgrouphttps. https://www.apgroup.com/
Thefabricant. https://www.thefabricant.ai/

04
코스테크

뷰티테크는 단순한 트렌드가 아니라 화장품 산업과 소비자 경험을 재편하는 혁명이다. 뷰티테크는 인공지능, 증강 현실, 생체 인식, 블록체인 등의 기술을 활용하여 뷰티 소비자의 다양하고 진화하는 요구 사항을 충족하도록 개인화되고, 몰입도가 높으며 안전한 솔루션을 제공하는 것이다. 앞으로 뷰티테크가 어떻게 화장품 경험을 변화시키고 뷰티 브랜드와 소매업체를 위한 경쟁 우위를 창출할 수 있는지 논의해야 할 것이다.

AI와 사주?

뷰티와 기술의 만남

2024년 CES(Consumer Electronics Show)에서 모발, 스킨 화장품 분야에서 선두 주자로 알려진 로레알(L'Oréal) 그룹의 최고경영자(CEO) 니콜라 이에로니무스(Nicolas Hieronimus)가 기조연설을 해 화제가 됐다. CES는 미국 소비자기술협회(Consumer Technology Association)가 주관하는 세계 최대 규모의 정보통신기술(ICT) 융합 전시회다. 이러한 CES에서의 뷰티 기업 사상 최초의 기조연설은 서로 다른 여러 산업 간 경계가 허물어지며 창의적이고 새로운 혁신이 펼쳐질 수 있다는 가능성과 새로운 패러다임의 전환을 더욱 뚜렷하게 보여 줬다(윤경숙, 2024).

로레알은 기조연설을 통해 뷰티에 대한 접근성을 높이고 개개인의 특정 뷰티 니즈를 충족하기 위한 테크의 역할을 강조하며, 바르바라 라베르노스(Barbara Lavernos) 로레알 그룹 연구 혁신 및 기술 부문 수석 부사장과 함께 생성형 AI 챗봇 로레알 뷰티 지니어스(Beauty Genius), 합타(HAPTA), 컬러소닉(Colorsonic), 워터세이버(Water Saver) 등 다양한 로레알 그룹의 뷰티테크 사례를 선보였다(https://www.loreal.com/). 이는 기존 업종 간 경계가 더 이상 제한적이지 않다는 패러다임의 전환을 더욱 확신할 수 있는 장면이며, AI를 활용한 다양한 뷰티와 테크의 결합이 진보된 것을 확인할 수 있었다.

로레알과 같은 많은 뷰티 기업의 이러한 시도는 화장품의 품질 향상과 사용 편의를 넘어서 고객 경험의 새로운 단계와 차원을 제공하고자 하는 것이 목적이다.

기업이 소비자의 관점에서 고객들에게 더 풍부한 경험을 제공하고자 AI와 테크(TECH)를 활용하여 화장품 사용 경험을 혁신하고 있는 것이다. 예를 들어 로레알 페르소(Perso)는 AI와 사물인터넷(IoT) 기술을 통합해 피부 상태를 분석하고 피부 톤, 수분 상태, 기후 조건 등을 반영하여 하루에 필요한 스킨케어 제품을 추천하는 맞춤형 화장품 서비스를 제공하는 등 소비자 중심의 서비스를 구축한다. 이를 통해 소비자는 더 효과적으로 화장품을 선택할 수 있게 됐으며 이는 기존 단순한 화장품 구매에서 더 나아가 개인 맞춤형 뷰티 솔루션을 찾는 경험으로 확장된다.

뷰티테크의 준비

새로운 경험을 할 수 있고 이전보다 더 나은 제품이라 생각한 뷰티테크 제품에 대한 우려도 생겨나고 있다. 뷰티테크 기업인 APR은 뷰티 디바이스 첫 제품인 '더마EMS'

를 선보인 지 2년 2개월 만인 올해 5월 누적 판매 100만 대를 돌파하며 인기를 끌고 있다(https://apr-in.com/). 하지만 뷰티 디바이스를 사용한 후 사용 부위에 기미가 생기는 부작용과 안전상의 문제에 대한 소리도 커져 가고 있다.

뷰티테크는 잠재력을 최대한 발휘하고 윤리 및 규제 준수를 보장하기 위해 극복해야 할 몇 가지 과제에 직면해 있다.

첫째, 기술적 과제다. 뷰티테크 솔루션을 개발하고 배포하려면 높은 수준의 기술 전문성, 데이터 품질 및 인프라가 필요하다. 예를 들어 메이크업 제품의 정확하고 사실적인 가상 체험을 생성하려면 정교한 컴퓨터 비전과 머신러닝 알고리즘은 물론 다양한 피부색, 얼굴 특징, 조명 조건에 대한 고품질 이미지와 비디오가 필요하다. 마찬가지로 피부 미생물 군집이나 유전자 발현을 변경할 수 있는 생명 공학 기반 화장품을 개발하려면 엄격한 과학적 연구와 테스트는 물론 첨단 생명 공학 도구와 시설이 필요하다. 또한 뷰티테크 솔루션은 다양한 디바이스, 플랫폼, 네트워크와 호환되어야 하며 확장성을 보장해야 한다(이유림, 2024).

둘째, 윤리적 문제의 해결이다. 뷰티테크 솔루션은 소

비자의 자아상, 정체성, 웰빙에 미치는 영향은 물론 사회적, 환경적 영향과 관련하여 윤리적 우려를 불러일으킬 수 있다. 예를 들어 AI를 사용하여 개인화된 미용 추천이나 피드백을 생성하면 자신의 외모에 대한 소비자의 인식에 영향을 미칠 수 있으며, 잠재적으로 비현실적이거나 해로운 미용 기준이나 기대치를 만들 수 있다. 마찬가지로 소비자의 피부나 DNA를 변형하기 위해 생명 공학을 사용하는 경우 소비자의 건강과 안전에 위험을 초래할 수 있을 뿐만 아니라 소비자의 진위 여부와 정체성에 대한 의문도 제기될 수 있다. 더욱이 뷰티테크 솔루션은 사용자의 문화적, 인종적, 성별 다양성을 염두에 두고 편견, 차별, 배제를 피해야 한다(https://www.birdview.kr/).

셋째, 규제 과제다. 뷰티테크 솔루션은 화장품 산업을 규율하는 관련 법률 및 규정은 물론 사용되는 특정 기술 기준도 준수해야 한다. 예를 들어 AR을 사용하여 메이크업 제품의 가상 체험을 표시하려면 화장품 광고 및 라벨링은 물론, 소비자의 개인 데이터 및 개인 정보 보호를 규제하는 당국의 승인이 필요할 수 있다. 마찬가지로 생명공학을 사용하여 화장품을 만들거나 변형하려면 생명 공학 제품의 안전성과 효능은 물론 그 사용에 따른 윤리적,

사회적 영향을 규제하는 당국의 승인이 필요할 수 있다. 또한 뷰티테크 솔루션은 다양한 국가와 지역에 적용되는 법적 프레임 워크와 표준을 인식하고 규정 준수 및 호환성을 보장해야 한다(한국보건산업진흥원, 2018).

넷째, 사용 고객에 대한 교육이다. 뷰티테크 제품을 사용하는 고객들은 기기의 사용법, 관리법, 정확한 적용법에 대한 학습이 필요하다. 예를 들어 클라리소닉 미아 스마트(Clarisonic Mia Smart), 스마트 클렌징 기기는 피부에 최적화된 진동을 통해 세안 효과를 극대화하고 피부에 맞는 모드를 선택할 수 있는 기능을 제공하며, AI 기반의 피부 분석 기능도 포함되어 있어 더욱 개인화된 스킨케어 경험을 제공한다. 이때 우선 개인의 현재 피부 상태와 피부 타입, 연령 등 모든 것들을 최우선으로 고려하여 적정 시간을 사용할 수 있도록 알려야 한다. 만약 그렇지 않으면 고객은 인공지능과 뷰티테크라는 단어에 현혹되어 과 사용할 확률도 있다(이유림, 2024).

뷰티테크는 단순한 트렌드가 아니라 화장품 산업과 소비자 경험을 재편하는 혁명이다. 뷰티테크는 인공지능, 증강 현실(Augmented reality), 생체 인식, 블록체인(Block chain) 등의 기술을 활용하여 뷰티 소비자의 다양하고 진화하는 요구 사항을 충족하는 개인화되고 몰입도가 높으며 안전한 솔루션을 제공하는 것이다(김정원, 2022). 우리는 뷰티테크가 제품 발견, 제품 체험, 제품 구매, 제품 사용이라는 네 가지 주요 측면에서 어떻게 화장품 경험을 향상할 수 있는지 살펴보았다. 앞으로 뷰티테크가 어떻게 화장품 경험을 변화시키고 뷰티 브랜드와 소매업체를 위한 경쟁 우위를 창출할 수 있는지 논의해야 할 것이다.

또한 뷰티테크는 차별화, 혁신, 최적화를 통해 뷰티 브랜드와 소매업체의 경쟁 우위를 창출할 수 있다. 뷰티테크는 독특하고 맞춤화된 제품과 서비스를 제공함으로써 뷰티 브랜드와 소매업체가 경쟁 우위를 점할 수 있도록 도울 수 있는 것이다. 화장품 대기업과 소매업체가 제품 가치와 성능을 향상하는 새로운 형식, 기능을 실험할 수 있도록 함으로써 혁신을 촉진할 수 있다. 뷰티테크는 이러한 장점을 활용해 뷰티 브랜드와 소매업체의 수익성과 지속 가능성을 높일 수 있을 것이다.

참고문헌

김정원(2022). 뷰티테크 기술에 대한 특허 정보 분석에 관한 연구. ≪한국미용학회지≫, 28권 5호, 1135.

윤경숙(2024.1.10). [CES 2024] 로레알 그룹, 뷰티 기업 최초 기조연설 참여. The Korea Post.

https://www.koreapost.co.kr/news/articleView.html?idxno=69984
이유림(2024). 뷰티테크 산업에 나타난 퍼스널 뷰티 디바이스의 특성에 관한 연구. ≪한국미용예술경영학회≫, 18권 3호, 85.
한국보건산업진흥원(2018.12.26). 생명공학기술을 활용한 기능성 화장품 원료개발.
https://kcia.or.kr/home/industry/industry_01.php?type=view&no=3899&ss=page%3D%26skind%3DTITLE_CNTNT%26sword%3D%EC%83%9D%EB%AA%85%EA%B3%B5%ED%95%99%26ob%3D
Apr. https://apr-in.com/
Birdview. https://www.birdview.kr/
L'oréal. https://www.loreal.com/

05
메타버스 고객

현재는 인공지능(AI)을 활용한 메타버스 내 고객과의 만남은 화장품 업계뿐만 아니라 다양한 산업에서 매우 혁신적이고 중요해지고 있다. AI와 메타버스를 결합한 새로운 고객 경험은 브랜드와 소비자 간의 상호 작용 방식을 근본적으로 변화시키고 있다. 현실과 거의 비슷한 체험을 할 수 있는 언택트 서비스를 원하는 고객이 늘어나고 있는 상황 속에서 메타버스 기술이 주목받고 많은 기업들은 메타버스 기술을 활용한 마케팅으로 브랜드 차별화를 시도하고 있다.

AI와 아이돌?

비대면 고객 접점

메타버스(Metaverse)란 무엇인가? 가상의 의미를 담고 있는 'Meta', 우주를 의미하는 'Universe'의 합성어로, 메타버스란 한마디로 현실 세계와 유사한 3차원 가상 세계를 의미한다. 코로나19 이후 대부분의 시장에서 디지털로 전환이 이루어지고 현실과 거의 비슷한 체험을 할 수 있는 언택트 서비스를 원하는 고객이 늘어나고 있는 상황 속에서, 메타버스 기술이 주목받고 많은 기업들은 메타버스 기술을 활용한 마케팅으로 브랜드 차별화를 시도하고 있다(김나영 · 김규리, 2022).

인공지능(AI)을 활용한 메타버스 내 고객과의 만남은 화장품 업계뿐만 아니라 다양한 산업에서 매우 혁신적이고 중요해지고 있다. AI와 메타버스를 결합한 새로운 고객 경험은 브랜드와 소비자 간의 상호 작용 방식을 근본적으로 변화시키고 있다.

특히 코로나 사태 이후 고객과 기업 사이의 접점과, 구매 행동에서 비대면 상황이 늘어난 현재에 더욱더 중요해지고 있다.

기업이 메타버스를 활용하게 되었을 때 나타나는 장점은 다음과 같다.

첫째, 개인화된 고객 경험을 제공한다. AI는 소비자의 행동과 선호를 실시간으로 분석하여, 그에 맞는 맞춤형 경험을 제공한다. 상담가나 다른 기업의 구성원으로부터 도움을 받지 않더라도 독자적인 서비스를 받게 되는 것이다. 메타버스 내에서 고객은 아바타를 통해 자신의 취향에 맞는 제품을 가상으로 경험하고, AI는 피부 타입이나 얼굴 형태, 스타일에 맞는 제품을 추천할 수 있다(https://www.apgroup.com/). 이는 소비자가 실제로 매장을 방문하지 않고도 자신만의 개인화된 경험을 할 수 있게 해 준다. 예를 들면 세포라(Sephora)와 같은 브랜드는 가상 공간을 활용하는데, 가상 공간에서 고객이 가상으로 다양한 메이크업 스타일을 시도하고, 이를 통해 자신에게 어울리는 제품을 추천받을 수 있고 AI가 각 고객의 얼굴형, 피부 톤 등을 분석하여 맞춤형 제품을 추천한다.

둘째, 기업 입장에서는 글로벌 시장 접근이 용이해진다. 그리고 고객 입장에서도 지구 정반대에 있는 기업들과 만날 수 있는 시공을 초월한 서비스를 받을 수 있다. 메타버스는 물리적 한계를 넘어서 글로벌 소비자들과의 만남을 가능하게 하는 것이다. 기업은 보다 효과적으로 가상 매장이나 전시회를 통해 세계 어디서든 적극적인 마케팅을 하며 고객과 소통할 수 있다. 또한 AI는 여러 언어와 문화에 맞게 커스터마이즈된 서비스를 제공하므로, 글로벌 시장을 대상으로 한 마케팅 및 고객 서비스가 가능해지고 고객은 다른 언어와 문화에 국한하지 않고 쉽고 편하게 서비스를 선택할 수 있는 것이다(손민정, 2022).

셋째, 브랜드의 충성도가 향상된다. AI와 메타버스를 활용한 인터랙티브한 경험은 고객에게 브랜드와 더 깊은 관계를 맺을 수 있는 기회를 제공하게 되어 소비자는 자신이 참여하는 가상 공간에서 제품에 대한 정보를 얻고, 이를 바탕으로 해서 실제 구매가 유도될 수 있다. 개인화된 경험은 고객의 브랜드 충성도를 높이는 데 중요한 역할을 한다. 삼성전자는 메타버스 내 전시 공간을 만들어 제품을 체험하고 자세히 살펴볼 수 있게 만들었다. 고객들은 이를 통해 기업과 상호 작용을 하게 되고 기업은 고객들의 충성도를 강화하는 방식을 취하는 것이다.

넷째, 몰입감 있는 경험을 고객에게 제공하는 것이다. 화장품 업계에서는 가상 메이크업 체험, 피부 상태 분석, 가상 샘플 제공 등 고객이 실제로 제품을 사용하지 않고도 자신에게 적합한 제품을 찾아볼 수 있는 기회를 준다. 이는 고객이 제품을 구매하기 전에 사용해 보지 않았던 제품이나 새로운 제품, 도전하지 못하였던 스타일에 대한 도전을 쉽게 해 줄 수 있게 하여 충분한 체험을 할 수 있도록 도와주는 것이다. 예를 들어 크리스찬 디올(Christian Dior)은 제페토(ZEPETO)와 협업을 진행하여 크리스찬 디올의 메이크업 크리에이티브이자 이미지 디렉터인 피터 필립스(Peter Philips)가 제페토 이용자들이 아바타를 꾸밀 수 있는 9가지 메이크업 세트를 선보였으며, 클래식 메이크업부터 개성이 강하고 화려한 메이크업까지 다양하게 구성된 아바타 메이크업 세트를 통해 고객에게 새로운 경험을 하게 해 준 것이다.

이처럼 메타버스를 활용하면 기업과 고객이 만나는 접점이 시간, 장소를 가리지 않게 된다.

메타버스의 준비

하지만 이러한 메타버스의 활용에도 제한점이 존재한다. 기술적 제약 및 접근성의 문제다.

메타버스와 AI 기술은 여전히 발전 중에 있으며, 일부 사용자에게는 기술적 제약이 있을 수 있다. 개인 PC, 또는 모바일 사용 시에 고급 하드웨어나 인터넷 환경이 필요한 경우 일부 고객은 이러한 시스템을 이용하기 어렵거나 불편함을 느낄 수 있으며, 가상 현실 환경에서 불편함을 겪는 사용자가 있을 수 있다. 모든 사람 혹은 잠재

고객들이 이러한 환경을 가지고 있다 장담하기 어려운 것이다. 현재의 우리나라는 급속도로 노령화가 진행되고 있다. 상대적으로 연령이 낮은 사람들이 이러한 새로운 AI의 혁명 속에서 적응 속도는 빠르다. 반면 연령이 높은 사람들에게도 적응의 시간과 접근성의 용의함 등이 고려되어야 하는 것이다(심연숙, 2022).

또한 가장 우려되는 부분은 기업과 고객과의 인간적인 연결 부족이다. 편리함과 수많은 데이터, 개인화된 어떤 것을 가져다주는 새로운 세계임은 분명하지만 인간의 감정이 배제되기 때문에, 때때로 사람과의 직접적인 상호작용을 선호할 고객의 입장에서는 메타버스가 제공하는 경험이 부족하다고 느낄 수 있다. 인간적인 연결은 배제되고 기술에 대한 의존이 증가됨에 따라 고객과 기업 간 신뢰도 하락이 될 수 있는 것이다(심연숙, 2022).

고객들에게는 메타버스에 대한 신뢰가 아직 완전히 구축되지 않았다. AI가 제공하는 제품 추천이나 메타버스 내 경험이 예상과 다를 수 있기 때문에, 일부 소비자들은 이를 신뢰하지 않을 수 있다.

메타버스 이용자들이 꼽은 메타버스의 최고 장점은 다양한 기업들과 사람들 간의 소통인 것으로 나타났다.

하지만 '사람들이 왜 접근하게 되는가?'에 대해 논리적으로 추론해야 한다는 의견도 존재한다. 예를 들어 현실과 완전히 같다면 사람들은 굳이 메타버스를 이용할 필요가 없고 매력을 느낄 수 없다. 따라서 메타버스를 통하여 현실에서 충족할 수 없는 어떠한 것들을 충족할 수 있는지에 대한 무언가를 고려해야 한다(김상균, 2020).

또한 메타버스의 목적은 고객을 위한 새로운 경험을 만드는 것이다. 성공적인 메타버스 마케팅을 위해서는 먼저 기업이 말하고 싶은 소리와 전달하고자 하는 메시지를 정확하게 정립해야 한다. '메타버스를 통해 기업의 포지셔닝과 새로운 경험과 원하는 경험을 제공할 수 있는지?', '기업의 고객이 누구인지?' 등에 대한 전략적인 고민과 접근 후에 이를 토대로 고객 경험을 설계한 후 메타버스 마케팅 전략을 수립해야 할 것이다.

참고문헌

김나영 · 김규리(2022). 메타버스를 이용한 뷰티 브랜드 경험 사례에 대한 고찰. ≪산업융합연구≫, 20권, 11호, 185.

김상균(2020). 『메타버스』. 플랜비디자인.

손민정(2022). 비대면의 진화, 메타버스 시대의 중소기업과 정책방향. ≪중소기업포커스≫, 2022권 8호, 1.

심연숙(2022). 메타버스 플랫폼 분석에 따른 활용방안 및 문제점에 관한 연구. ≪문화기술의 융합≫, 8권 6호, 855.
Amorepacific. https://www.apgroup.com/

06
화장품의 개인화

국내에서는 2020년 3월 맞춤형 화장품 판매업 시행으로 규제가 완화되며 맞춤형 화장품 시장이 열렸다. 식약처에 따르면 글로벌 맞춤형 시장 규모는 2025년도에는 5조4200억 원에 이를 전망이고, 현재 한국의 맞춤형 화장품 시장은 글로벌 시장 성장률을 상회하는 빠른 성장을 보이고 있다. 개인화와 디지털화가 중요한 트렌드로 떠오르면서 맞춤형 화장품 시장은 더욱 활성화되고 인기를 얻고 있다.

AI와 야구?

퍼스널 코스메틱

현재 인공지능(AI)을 미래 성장 동력으로 삼아 많은 산업이 AI를 활용한 맞춤형 상품을 선보이고 있다. 그럼 우리 화장품 업계는 어떤 준비를 하고 있을까? 마찬가지로 화장품 업계도 AI를 활용한 초개인화된 맞춤형 화장품 시장을 적극 공략하고 있다. 국내에서는 2020년 3월 '맞춤형 화장품 판매업' 시행으로 규제가 완화되며 맞춤형 화장품 시장이 열렸다. 식약처에 따르면 글로벌 맞춤형 시장 규모는 2025년도에는 5조4200억 원에 이를 전망이고 현재 한국의 맞춤형 화장품 시장은 글로벌 시장 성장률을 상회하는 빠른 성장을 보이고 있다(윤수은, 2025).

한국의 화장품 산업은 크게 기업에서 화장품을 직접 제조하여 유통·판매하는 영업과 화장품 제조업자에게 위탁해 제조된 화장품을 유통·판매하는 영업을 하는 책임 판매업과, 제조 또는 수입된 화장품의 내용물에 다른 화장품의 내용물이나 식품의약품안전처장이 정하여 고시하는 원료를 추가하여 혼합한 화장품을 판매하는 맞춤형 화장품 판매업으로 나뉜다. 맞춤형 화장품 판매업에서는 조제관리사 자격증을 취득한 관리사가 소비자에게 맞춤형 화장품을 판매하는 것이 가능하다. 특히 개별 고객을 대상으로 고객의 요구 및 취향에 따라 즉석에서 혼합하여 소량 생산할 경우 맞춤형 화장품 개념이 적용된다. 즉 맞춤형 화장품이란 개인별 피부 문제점을 효과적으로 개선하고 개인이 선호하는 취향을 제품에 반영하여 조합해 판매하는 화장품을 말한다(김민정 · 윤천성, 2023).

맞춤형 화장품과 AI

현재 오프라인과 온라인에는 개인에게 가장 잘 맞는 화장품을 찾는 소비자가 늘어나고 있다. 가장 대중적이고 간단한 맞춤형 화장품 서비스는 카카오 선물하기를 통한 이니셜 각인 서비스다. 주로 립스틱과 쿠션 제품에 소비자의 이니셜이나 특별한 문구를 새길 수 있는 이 서비스는 국내외 화장품 브랜드에서 소비자에게 제공하고 있다.

최근에는 단순한 제품 커스터마이징을 넘어 AI를 활용하여 맞춤형 화장품 개발에 집중하고 있다. 한국콜마는 AI 기술을 활용, 탈모의 대표적 유형들을 정밀 진단하는 기술을 개발하여 그에 따른 맞춤형 화장품을 개발하고 있다. 두피 표면에 있는 DNA를 선별해 남성형 9가지, 여성형 7가지 등 총 16가지 종류의 탈모를 진단할 수 있으며, 연구원이 소비자의 두피에서 DNA를 채취한 뒤 분석 장비에 올려놓으면 컴퓨터 프로그램을 통해 탈모 여부와 유형을 분석하는 방식이다(https://www.kolmar.co.kr/).

이러한 방식을 통해 소비자의 두피를 정확하게 진단하고 그에 따른 제품을 추천하고 사용할 수 있게 된다.

현재 한국에서 맞춤형 화장품 판매업은 빠르게 성장하고 있으며, 소비자들의 높은 관심을 받고 있는 분야다. 특히 개인화와 디지털화가 중요한 트렌드로 떠오르면서 맞춤형 화장품 시장은 더욱 활성화되고 인기를 얻고 있다.

소비자들은 점점 더 자신의 피부 상태나 성향에 맞는 화장품을 원하고 있다. 이에 따라 맞춤형 화장품 브랜드가 각광받고 있으며, 피부 유형, 피부 문제, 라이프스타일 등을 고려한 개인화된 제품을 제공하는 브랜드들이 성공을 거두고 있다. 이들 브랜드는 또한 접근성까지 편리하여 더욱 각광받고 있다(이유나, 2022).

예로 아모레퍼시픽은 에스쁘아 브랜드를 통해 맞춤형 화장품을 제공한다. 고객은 공식 웹사이트와 모바일 앱을 통해 온라인 상담과 AI 피부 분석을 받고, 그에 맞는 파운데이션, BB크림 등을 추천받는다. 소비자가 자신만의 피부 톤과 피부 특성을 분석한 뒤, 이를 바탕으로 개인 맞춤형 화장품을 제안하는 시스템이며 이 모든 과정은 AI 피부 분석 기술을 통해 이루어진다.

맞춤형 화장품 시장에서는 큰 기업들만 점령한 것이 아니다. 인디 브랜드들도 두각을 나타내고 있다. 대형 화장품 브랜드들은 기존의 범용적인 제품들보다는 세분화된 대상을 타깃으로 한 맞춤형 화장품을 출시하고 있으며 소규모 스타트업들도 창의적인 제품을 선보이며 빠르게 성장하고 있다.

예를 들어, '소프트랩', '나인식스' 같은 작은 브랜드들이 맞춤형 화장품을 통해 차별화를 꾀하고 있으며, 특히 젊은 층에서 큰 인기를 얻고 있다. 소프트랩은 맞춤형 스킨케어와 피부 미백 제품, 주름 개선 화장품을 제공하는 브랜드다. 온라인에서 피부 분석 테스트를 거친 후, 그에 맞는 제품을 AI 기술을 통해 추천하고, 고객 맞춤형 제품을 제조하여 소비자는 자신의 피부 상태에 최적화된 제품을 받을 수 있다.

이처럼 각 기업은 온라인 플랫폼을 활용하여, 개인화된 제품을 주문 제작하거나 맞춤형 성분 조합을 제공하는 방식을 채택하고 있다. 또한 고객들의 온라인 설문을 통해 AI 적용 시 더욱 완벽히 해 나가려는 적극적인 노력도 하고 있다.

이처럼 기업들은 고객 만족을 위해서 다양한 노력을

하고 있다. 하지만 맞춤형 화장품의 소비자 만족은 제품을 받아 직접 사용하였을 때 느껴지는 감정과 유지력일 것이다. 맞춤형 화장품은 소비자의 피부 상태에 맞춰 제조되기 때문에 성분과 효능에 대한 정확한 정보 제공이 필요하다. 이를 통해 소비자가 자신에게 적합한 제품을 선택할 수 있어야 하기 때문에 성분 분석과 성분에 대한 정보를 정확히 전달해야만 하는 것이다. 또한 AI 피부 분석 서비스를 제공하는 경우에는 그 정확성에 대한 책임을 져야 하는 부담감도 있다(김주리, 2021).

AI 기반의 맞춤형 화장품 업계는 개인화와 효율성을 극대화할 수 있는 큰 잠재력을 가지고 있지만, 정확성, 데이터 보안, 기술적 의존성 등의 단점도 존재한다. 기업들은 AI 기술 개발과 함께 소비자 개인 정보 보호와 유연한 생산 시스템을 고려한 전략을 세워야 하며, 기술의 한계를 보완할 수 있는 고객 서비스와 리스크 관리도 중요하다. AI를 잘 활용한다면 개인화된 경험을 통해 기업의 강력한 경쟁력을 갖출 수 있을 것이다.

참고문헌

김민정 · 윤천성(2023). 맞춤형 화장품에 관한 탐색적 연구. ≪뷰티산업연구≫, 16권 2호, 63.

김주리(2021). 분쟁의 소지가 있는 화장품법의 대체적 해결방법으로서 ADR제도 - 맞춤형 화장품 조제관리사 자격제도 중심으로 - . ≪중재연구≫, 31권 4호, 137.

윤수은(2025.2.7). AI로 맞춤형 화장품 제작… 뷰티 시장 혁신 가속화. 이코리아. https://www.ekoreanews.co.kr/news/articleView.html?idxno=77765

이유나(2022). 글로벌 맞춤형 화장품 산업 현황 분석 및 발전방안 연구. ≪질서경제저널≫, 25권 2호, 49.

Kolmar. https://www.kolmar.co.kr/

07
AI 화장품 공학 학습

증강 현실과 가상 현실을 활용한 실감형 교육은 학습자의 몰입도를 높여 주며 전통적 교육의 한계인 시공간적 제약을 해소해 줄 수 있다. 또한 AI 및 빅데이터의 활용은 학습자에게 맞춤형 교육을 제공할 수 있으며 개별적 요구를 충족할 수 있게 해 준다. 교육 분야에서 에듀테크가 활용된다면 교실이라는 한정된 공간을 뛰어넘어 다양한 체험 학습이 가능해진다. 이처럼 체험과 실감의 에듀데크는 시공간의 경계를 무너뜨리면서 체험하고 실감하는 특성을 가진다.

AI와 윤동주?

AI와 학습

인공지능(AI) 기술의 진보는 단순히 일상을 편리하게 만드는 것을 넘어서, 우리 삶의 많은 영역에 영향을 미치고 있다. 디지털과 데이터를 토대로 한 인공지능 기반 위에 사회, 산업, 경제, 문화 등 분야를 막론하고 새로운 체계로 재구성되고 있다(김현철, 2019). 빠른 속도로 변화되고 있는 새로운 세상을 살아가기 위한 소양으로 세계 각국에서는 경쟁적으로 AI 교육을 도입하고 있다(과학기술정보통신부, 2019). 미국은 2016년 특별 보고서를 통해 모든 교육 기관에서 AI 교육을 시행해야 한다는 의지를 밝혔다. 이후, 미래 노동 시장을 대비하여 미국인들에게 AI를 교육하고 훈련하기 위한 정책적 대응의 필요성을 강조하는 보고서를 발간했다(Executive Office of the President of the United States, 2016). 특히 국가과학재단(National Science Foundation, NSF), 국제인공지능학회(Association for the Advancement of Artificial Intelligence, AAAI), 컴퓨터과학교사협회(Computer Science Teachers Association, CSTA)가 공동으로 추진하여 2018년 AI4K12(AI for K-12Students) 이니셔티브를 설립하고, 초·중등학교(K-12)에서 AI 교육을 실현하기 위한 가이드라인, 프로그램, 교사 연수 프로그램 등을 개발했다.

미국뿐만 아니라 세계 각국에서는 AI 교육의 중요성에 대해 인식하여 AI 교육 도입을 준비하고 있다. 이러한 시대의 흐름에 맞추어 우리나라에서도 교육의 역할을 다하기 위해 노력하고 있다. 2015 개정 교육 과정의 부분 개정을 통해 '인공지능 기초' 과목과 '인공지능 수학' 과목을 고등학교 진로 선택 과목으로 신설하고, 2020년 '학교에서 만나는 인공지능' 교재를 통해 '초 · 중등 인공지능 교육 내용 기준'을 제시한 것이 그 대표적인 예다(이은경, 2020).

AI는 사회 전반의 여러 분야와 융합하여 사용되고 있으며 AI 교육이 실생활의 다양한 문제를 해결하는 융합 교육의 형태로 이루어질 필요가 있다. 실제로 최근 AI 교육 정책은 융합 교육의 형태로 추진되고 있으며 교육 과정에서는 AI 소양 함양을 강조하며, 모든 교과에서 인공지능을 활용하도록 권장하고 있다(박승현 · 이형옥, 2023).

이에 맞추어 대학에서도 AI를 활용한 교육 준비에 박차를 가하고 있다.

수원여자대학교의 김용선 교수는 "인공지능의 발달은 뷰티 산업의 새로운 가능성을 제시하고 있다"라며, 특히 젊은 세대가 개인화된 뷰티 서비스에 높은 관심을 보인다고 강조했다. 김 교수는 또 "인공지능을 활용한 진단 서비스는 소비자들이 각자의 퍼스널 컬러를 객관적으로 파악하는 데 매우 유용하다"라고 덧붙였다(이난희, 2024).

에듀테크

에듀테크란 교육(Education)과 기술(Technology)의 합성어로 교육이 4차 산업 혁명 기술과 결합하여 새로운 학습 경험으로 교육 패러다임을 창출하는 현상을 뜻한다. 즉, 에듀테크는 전통적인 교육에 소프트웨어(SW), 증강 현실(AR), 가상 현실(VR), 빅데이터, 인공지능, 3D 프린터 등 교육에 첨단 정보 통신 기술을 융합시킨 용어다(하호성 · 이재림, 2021).

4차 산업 혁명을 강조하는 정부의 정책으로 에듀테크 산업이 급속한 성장을 하고 있고, 교육 현장에서는 에듀테크를 도입하려는 다양한 정책 사업들이 진행되고 있다. 이러한 정책의 영향으로 에듀테크의 관심도가 더욱 커질 것으로 예상되며, 디지털 교육으로의 방향 전환이 필요하다는 주장이 활발하게 진행되고 있다(서향희 · 박주희, 2021).

정부는 우선 학교가 안전하게 활용할 수 있는 AI 디지털 교과서를 도입하고 교원 역량 체계에 디지털 리터러시를 반영하여 교사들이 디지털 기술에 대한 이해를 기반으로 이를 안전하게 수업에 활용할 수 있는 역량을 갖출 수 있도록 준비와 노력을 하고 있다. 또한 에듀테크 실증 시 유해성 검증 강화 및 에듀테크 품질 인증제 도입을 추진하여 학교 교육 현장에서 안전하고 신뢰할 수 있는 에듀테크를 활용할 수 있도록, 현장 교사들이 에듀테크의 공교육 적합성을 실증하는 에듀테크 소프트랩 사업의 실증 기준을 정비하여 에듀테크의 유해성을 점검할 수 있도록 하였다(교육부, 2023b). 이와 같이 정부는 현재 에듀테크에 대한 만반의 준비를 하고 있고 당장 2025년도부터 시행할 것이다.

그럼 에듀테크가 교육 현장에서 주목받는 이유는 무엇일까? 양질의 교육 경험을 통해 교육적 효과를 제공해 줄 것이라는 기대 때문이다. 증강 현실과 가상 현실을 활용한 실감형 교육은 학습자의 몰입도를 높여 주며 전통적 교육의 한계인 시공간적 제약을 해소해 줄 수 있다. 또한 AI 및 빅데이터의 활용은 학습자에게 맞춤형 교육을 제공할 수 있으며 개별적 요구를 충족할 수 있게 해준다. 교육 분야에서 에듀테크가 활용된다면 교실이라는 한정된 공간을 뛰어넘어 다양한 체험 학습이 가능해진다. 이처럼 체험과 실감의 에듀테크는 시공간의 경계를 무너뜨리면서 체험하고 실감하는 특성을 가진다(박광렬, 2023). 교실에서의 한계인 시각화하기 어려운 3차원적 표현을 가능하게 함으로 학생들에게 이해와 수업의 편의성을 제공하는 것이다.

화장품, 뷰티에서의 에듀테크

미용과 뷰티 교육은 기능과 기술을 실천할 수 있는 현장 전문가 양성을 목적으로 하고 있으며 기초 지식, 현장 실무 능력, 트렌드에 맞는 기술, 현장 서비스 태도 등을 배양한다. 또한 평생 학습 능력을 함양하며 산업의 발전에 기여하는 인재를 양성하는 것을 목표로 한다(교육부, 2023a). 화장품 공학을 전공하는 학생들 중 많은 인원이 연구나 마케팅 업무, 기획 등 다양한 분야로 취업을 하게 된다. 이때 어느 기업이나 마찬가지겠지만 일정 부분 실무를 경험한 취업자가 업무 배치에 유리하기 때문에 취업자들의 경험을 중요하게 판단할 수밖에 없다. 에듀테크는 이러한 상황에 빛을 발하게 된다. 화장품 공학이나 뷰티 업계에서는 VR이나 AR을 활용한 실습 교육을 진행할 수 있게 된다. 예를 들어 학생들은 가상으로 여러 원료의 조합으로 화장품을 제조하는 과정을 체험하거나, AR을 통해 고객의 피부에 맞는 제품을 추천하는 기술을 학습할 수 있다. 현재 교육 현장에서 제공하고 있는 한계를 뛰어넘는 다양한 아이디어를 확인할 수 있고 지금보다 더 많은 경험을 하게 될 것은 분명하다. 이를 통해 직접 현장 경험을 쌓지 않더라도 실제 상황을 시뮬레이션할 수 있다(문서영 · 김연아, 2024).

하지만 에듀테크를 도입할 시에 교육 현장에서의 어려움을 개선하기 위한 노력이 필요하며 이를 위해서 적용 실태를 분석하는 것이 중요하다. 에듀테크 기술의 도입에 대한 기대도 크지만 일부는 전통 교육 방식을 선호할 수 있고 운영의 미흡함에 대한 우려도 있다. 교육 현장에서는 에듀테크 수업의 활용을 위해 다양한 배경 변인을 파악하여 현장 수요에 따른 맞춤형 지원으로 디지털의 기초 개념을 교육하는 시간을 늘리는 방안을 고려해야 하는 것이다, 실제 수업을 위해 교내 인터넷 무선망 설치, 개인 디지털 기기 보급 등과 같은 구체적인 지원 방안 마련을 통해 환경 기반 조성이 중요할 것으로 본다. 또한 에듀테크 기반 교육은 수업의 중추인 교사, 강사들의 수업 설계 역량이 중요하다. 이를 위해서는 교사, 강사들의 인식 전환이 중요하며 연수 기회 제공을 통해 수업 설계 방안, 학습 데이터 관리와 활용 방법 같은 수업 구성력과 매체 활용 능력에 도움이 필요할 것이다(안정민 · 권기한, 2023).

뷰티 및 화장품 업계는 빠르게 변화하는 시장이다. 오늘의 트렌드가 내일은 촌스러워지는 곳이 뷰티, 화장품 업계다. 에듀테크는 최신 트렌드나 기술을 실시간으로 반영한 교육 과정을 제공할 수 있어 학습자들이 업계 변화에 빠르게 대응할 수 있을 것이다.

화장품 공학이나 뷰티 업계에서 에듀테크를 도입하게 되면 효율적이고 접근성 높은 교육을 제공할 수 있고, 최신 트렌드와 기술을 반영한 맞춤형 교육을 통해 전문가들의 경쟁력을 높일 수 있을 것이다. 이를 통해 학습자는 시간과 장소에 구애받지 않고 전문성을 키울 기회를 얻게 되며 학교와 사회는 최신 기술과 트렌드를 반영한 인재를 양성할 수 있을 것이다.

참고문헌

교육부(2020). 인공지능시대 교육정책방향과 핵심과제. 교육부 발표자료.

교육부(2023a). 디지털 기반 교육혁신방안. https://www.moe.go.kr/boardCnts/viewRenew.do?boardID=72769&boardSeq=96531&lev=0&searchType=null&stat

usYN=W&page=1&s=moe&m=0315&opType=N
교육부(2023b). 에듀테크 진흥방안.
https://www.moe.go.kr/boardCnts/viewRenew.do?boardID=72769&boardSeq=96531&lev=0&searchType=null&statusYN=W&page=1&s=moe&m=0315&opType=N
과학기술정보통신부(2019). 인공지능(AI) 국가전략. 관계부처 합동 발표자료.
김현철(2019). 『정보적 사고에서 인공 지능까지』. 한빛미디어.
문서영 · 김연아(2024). 생성형 AI를 활용한 뷰티 융합교과목 개발연구. ≪한국인체미용예술학회지≫, 25권 4호, 123.
박광렬(2023). 교사들의 에듀테크 활용 수업 및 적용에 대한 인식 연구. ≪한국실과교육학회지≫, 36권 4호, 377.
박승현 · 이형옥 (2023). 엔트리를 이용한 인공지능 융합 교육 콘텐츠 개발. ≪한국컴퓨터교육학회 학술발표대회논문집≫, 27(2), 199 – 202. 한국컴퓨터교육학회.
서향희 · 박주희(2021). 학교현장에서 에듀테크(Edu Tech) 활용에 대한 예비교사의 인식 연구: Focus Group Interview를 중심으로. ≪학습자중심교과교육연구≫, 제21권 제23호, 253.
안정민 · 권기한(2023). 고등학교 미용 교육의 에듀테크 활용에 대한 교사의 인식 연구. ≪학습자중심교과교육연구≫, 제23권 제17호, 517.
이난희(2024.11.5.). 뷰티 업계에서도 인공지능이 대세다! AI와 아티스트가 진단하는 퍼스널 컬러와 메이크업. e수원뉴스.
https://news.suwon.go.kr/?p=40&viewMode=view&reqIdx=202411032025031205
이은경(2020). 국내외 초·중등학교 인공지능 교육과정 분석. ≪컴퓨터교육학회 논문지≫, 23권 1호, 37.
하호성 · 이재림(2021). K-에듀 통합플랫폼 구축을 위한 민간 에듀테크 콘텐츠의 유형에 관한 연구-미래 교수-학습 방법 및 학습유형과 연계하여. ≪교육 · 녹색환경연구≫, 제20권 제3호, 11.
Executive Office of the President of the United States(2016). Preparing for the future of artificial intelligence.
Moe. https://www.moe.go.kr/
Suwon. https://news.suwon.go.kr/

08
인공지능 개발 능력

글로벌 화장품 산업은 미래 유망 산업으로 위상을 넓히고 전 세계적으로 새로운 소비 트렌드로 부상하여 유통 채널의 다양한 발전 가능성과 수요를 지속적으로 창출해 내는 앞으로의 성장이 더욱 기대되는 분야다. 또한 다채로운 변화가 예상되고 있다. 기술 혁신, 소비자 행동 변화, 환경 및 지속 가능성에 대한 관심 증대 등 다양한 요소들이 화장품 산업의 미래를 형성하고 있는 것이다.

AI와 한의학?

인공지능 개발 능력

글로벌 화장품 산업은 미래 유망 산업으로 위상을 넓히고 전 세계적으로 새로운 소비 트렌드로 부상하여 유통 채널의 다양한 발전 가능성과 수요를 지속적으로 창출해 내는, 앞으로의 성장이 더욱 기대되는 분야다. 또한 다채로운 변화가 예상된다. 기술 혁신, 소비자 행동 변화, 환경 및 지속 가능성에 대한 관심 증대 등 다양한 요소들이 화장품 산업의 미래를 형성하고 있다.

미국 소비자기술협회(Consumer Technology Association, CTA)가 개최 및 주관하는 CES에서 아모레퍼시픽은 3D 프린터와 연결된 휴대전화로 얼굴을 측정한 뒤 실시간으로 도안을 디자인해 5분 안에 마스크팩이 완성되는 '3D 프린팅 맞춤 마스크팩'을 선보였고, 이외에도 3D 프린팅, 인공지능(AI), 스마트홈, 가상 현실/증강 현실(VR/AR), 사물인터넷(IoT) 등 다양한 분야에서 혁신상을 수상한 올해의 첨단 기술과 장비들을 전시했다(한국보건산업진흥원, 2021). 현재 화장품 매장에서는 개별 소비자의 피부 특성에 맞춰 화장품을 만들 수 있으며 국내 화장품 기업은 물론 로레알(L'Oréal), 에스티 로더(Estée Lauder), 랑콤(Lancome) 등 글로벌 기업에서도 많은 관심을 가지고 맞춤형 화장품과 AI를 활용한 연구

개발을 활발히 하고 있다(전종록, 2021).

모발 화장품과 AI의 만남

많은 화장품 중 두피 및 모발용 화장품은 두피와 모발을 청결 미화하고 매력을 더하며 용모를 밝게 변화시켜 건강을 유지하기 위하여 인체에 사용하는 물품이다. 모발 화장품은 보건복지부 기준에 의한 화장품 품목 분류 중 모발용 제품류와 염모용 제품류를 의미하는 것으로 모발의 세정, 헤어트리트먼트, 정발을 위한 헤어스타일링 화장품과 모발을 화학적으로 처리하여 웨이브를 만드는 퍼머넌트제와 모발의 컬러를 변화시키는 염모제, 그 외에 두피용 화장품인 육모제나 두피용 케어 제품이 있다(박지현, 2022).

이러한 모발 화장품 분야에서도 인공지능을 활용한 새로운 기술의 결합이 이루어지고 있다. 대표적으로 글로벌 1위 뷰티 그룹인 로레알 그룹이 모발 화장품과 AI 기술을 결합한 새로운 시장 선점에 속도를 내고 있다. 기존 모발 화장품으로 모발 염색 시술을 받으려면 전문가와 상담 후 다양한 컬러 중 하나, 또는 몇 가지의 컬러를 선택하여 긴 시간을 투자하여야만 가능했는데 로레알은 이러한 모발 염색 시장 판도를 혁신적으로 변화시킬 수 있는 디바이스로 컬러소닉(Colorsonic)을 공개했다. 컬러소닉은 총 40가지 이상의 색상을 제공하고, 원하는 색상의 카트리지를 장착하면 염모제와 산화제를 자동으로 혼합하여 정확한 비율로 염색 준비를 완료한다. 이후 전동 브러시가 분당 300회 이상의 진동으로 머리카락에 균일하게 염색약을 도포하게 되고 빠른 시간 내에 염색을 가능하게 한다(https://www.loreal.com/). 로레알은 전문가용 제품과 비전문가인 소비자용 제품을 따로 생산하는 회사로 유명하다. 비전문가가 사용하더라도 안전하게 사용할 수 있는 제품을 생산하여 판매한다. 컬러소닉의 주타깃은 비전문가인 소비자이지만 전문가들도 사용 시 시간 절약과 편리함 덕분에 많이 이용하게 되리라 확신한다.

또한 국내 기업에서도 활발한 연구가 진행 중이다. 국내 브랜드인 아람휴비스에서는 10만 명의 두피 다섯 부위를 촬영, 분석한 100만 건의 빅데이터를 기반으로 서울대학교병원 피부과 의사들과 협업하여 두피 타입을 10가지 유형으로 분류하는 AI 기반 두피 진단기를 개발했다(https://www.aramhuvis.com/). AI 두피 진단기는 두피의 상태, 모발의 밀도, 굵기를 빅데이터로 분석하여 두피 관리 순서와 사용할 샴푸 제조법을 알려 준다.

이를 바탕으로 개인 맞춤 두피 관리가 가능하도록 가정용 화장품 제조기를 개발해 두피 진단 및 관리의 AI 시대를 열었다. 특히 탈모 인구가 급증하는 시대에 AI 맞춤형으로 두피 관리를 받을 수 있는 것은 탈모인에게 희소식이 아닐 수 없다. 두피는 사람마다 다르기 때문에 사람들은 모두 서로 다른 문제를 겪고 있다. 예를 들어 건조한 두피, 기름진 두피, 탈모 문제 등 다양한 이슈가 있을 수 있지만, 이 AI 시스템은 각기 다른 두피 상태에 맞는 해결책을 제공하여 개인화된 관리가 가능하게 하는 것이다.

현재 모발 화장품 분야에서의 AI는 두피 상태뿐만 아니라 모발의 유형, 환경 등을 분석하고 각 개인에 따른 맞춤형 모발 관리 제품을 추천하는 것 이상의, AI 기반의 이미지 분석 기술을 활용하여 사용자의 모발 상태를 진단하고, 모발 손상 정도나 건강을 평가하는 것이 대세다.

대중 브랜드인 케라스타즈(Kerastase)는 헤어 코치(Hair Coach)라는 스마트 기술과 AI를 결합하여 개인화된 헤어 케어를 제공하는 혁신적인 제품을 만들어 냈다. 헤어 코치는 모발의 상태를 실시간으로 분석하여 고객에게 모발의 손상 예방, 개인화된 피드백, 모발 관리 루틴 제안을 제안한다(https://www.kerastase.com/). 기존 연구자들이나 소지자들도 생각하지 못한 사소한 부분에서 이 제품의 연구가 시작되었다. 남성, 여성들이 헤어 관리를 위해 자주 사용하는 브러시에 AI를 접목한 것이다. 여기에 들어간 핵심 기술은 센서 기술, AI 알고리즘, 스마트 커넥티비티, 음성 피드백 기능이다. 다양한 센서들이 모발의 굵기, 텍스처, 수분 수준, 탄력성, 손상 정도 등을 감지하고 모발을 빗을 때의 힘과 모발에 가해지는 압력도 측정하여 고객에게 적당한 압력을 알려준다. 또한 AI 알고리즘은 사용자의 모발 특성과 헤어 케어 습관을 평가하여 가장 적합한 관리 방법을 추천해 주고 사용자는 음성 피드백을 실시간으로 받는 것이다. 마치 개인 헤어 드레서가 항상 곁에서 도와주는 것처럼 느껴질 것이다.

하지만 나아가서는 피부만큼이나 다양한 모발의 형태나 성질에 대한 다양한 변수를 분석한 정확한 데이터가 필요하다. 필자는 모발 연구를 진행하며 생각지도 못한 변수 통제에 어려움과 시행착오를 많이 겪었다. 두피 전체에 나와 있는 모발들은 '하나하나가 다 다른 성질과 형태, 두께를 가졌다' 말하여도 과언이 아닐 것이다. 또한 성별, 연령, 인종에 따라 다른 수없이 많은 데이터를 정확하게 수집하여야만 한다(심은지 · 정원지, 2023).

이와 같이 업계에서 AI는 더 이상 먼 미래의 기술이 아닌 현실이다. 많은 부분에서 활용되고 있으며 나아가 더욱 발전해 갈 것이다. 그리고 AI를 활용한 서비스는 실용적이어야 한다. 모바일 앱, 웹 플랫폼에서 쉽게 사용할 수 있어야 하며, 소비자가 직관적으로 접근하고 이해할 수 있도록 디자인되어야만 외면을 받지 않을 것이다.

AI는 현재 모발 화장품 산업에서 점점 더 중요한 역할을 하고 있으며, 앞으로는 더욱 혁신적인 방식으로 제품 개발, 맞춤형 서비스 제공 등 다양한 분야에서 활용될 것이다. AI 기술이 발전함에 따라 소비자들은 더욱 개인화된 경험을 얻을 수 있게 되고, 기업에서는 더 나은 제품을 제공할 기회를 가질 것이다.

참고문헌

박지현(2022). 국내 염모용 화장품의 안전관리 현황. ≪한국지식정보기술학회 논문지≫, 17권 5호, 1039.

심은지 · 정원지(2023). 모발 명도 별 산성 염모제의 혼합비율에 따른 색상 변화. ≪아시안뷰티화장품학술지≫, 21권 4호, 615.

아람휴비스. https://www.aramhuvis.com/

전종록(2021). 목재 부산물과 이온성 액체/열 분해 복합 처리를 이용한 풀빅산 유사체 대량 생산 기술 개발 및 화장품 응용 소재 발굴. 환경부보고서.

한국보건산업진흥원(2021). 2020년 화장품산업 분석 보고서.

https://www.khidi.or.kr/board/view?linkId=48857409&menuId=MENU00085
Kerastase. https://www.kerastase.com/
Loréal. https://www.loreal.com/

09
내추럴 AI 코스메틱

제약, 농업, 보건 등 다양한 분야에서 응용됐던 생명 공학이 뷰티 업계의 지속 가능성 실현의 중요한 열쇠로 인식되고 있어 바이오테크 뷰티 트렌드는 더욱 확산할 것으로 전망되고 있다. 또한 화장품 성분의 안전성과 지속 가능성 측면 때문에 최근 수년간 뷰티 시장에서 바이오테크 뷰티 제품 역시 인지도가 높아졌다. 바이오테크 뷰티가 부상함에 따라 한국 생명 공학과 화장품 기업들의 해외 진출 발판이 더욱 넓어질 것으로 예상된다. 글로벌 기업과의 파트너십 기회가 확대됨에 따라 이를 대비한 전략 마련이 필요해 보인다.

AI와 화장품?

내추럴 AI 코스메틱

환경을 보호하는 지속 가능한 뷰티에 업계의 관심도가 높아지면서 업계에서는 바이오테크 뷰티(Biotech Beauty)에 주목하고 있다. 바이오테크란 생명 공학 기술을 활용하여 효모, 박테리아 같은 미생물을 이용해 필요한 화합물을 생산하는 기술이며, 환경에 영향을 끼치는 화학 성분이나 동식물 추출 성분을 대체할 수 있어서 윤리적이고 지속 가능한 원료 소싱을 추구하는 화장품 업계에서 인기를 끌고 있다.

현재 스타트업 화장품 기업을 중심으로 바이오테크를 활용하여 동물과 식물에서 추출하는 성분이나 화학 성분을 대체할 수 있는 원료를 실험실에서 탄생시켜 화장품 제조에 이용하고 있다. 바이오테크 뷰티 기업인 알카이아(Arcaea)의 최고 경영자 자스미나 아가노빅은 "많은 천연 성분은 석유 화학, 식물 또는 동물 등 '환경으로부터 추출'이 그 출발점"이라며 "바이오테크는 추출에 대한 솔루션을 제공하며, 나아가 단순히 화장품에 들어가는 천연 성분을 대체하는 것이 아닌 새로운 원료를 개발해 낼 수 있다"라고 밝혔다(대한무역공사, 2023).

뷰티 업계에서 바이오테크로 소싱 방식에 변화를 가지고 온 사례는 어렵지 않게 찾아볼 수 있다. C16 바이오

사이언스(C16 Biosciences)와 팜리스(Palmless)의 CEO 샤라 티쿠는 나무 대신 효모를 이용해 팜유 대체 원료를 개발하고, 바이오 제조 공정을 통해 이를 대량 생산하는 방식으로 팜유가 함유되지 않은 화장품을 제조해 판매하고 있다. 식품과 화장품, 세척제 등 생필품 제조에 대량으로 사용되는 팜유는 생산 과정에서 산림 파괴와 멸종 위기종 위협, 아동 노동 착취 등의 문제가 지속적으로 제기돼 왔으나 이를 대체할 만한 원료가 없어 꾸준히 사용됐다. 정밀 발효 기술 활용으로 팜유 농업이 직면한 문제를 해결하고 지속 가능한 대체재의 발견으로 화장품 업계에는 희소식이다.

또한 최근 LG생활건강은 인공지능 모델을 활용해 '화장품 효능' 소재를 개발하는 데 성공했다. AI 모델을 활용한 연구에서 물질의 용해도와 안전성을 개선한 화장품 효능 소재를 개발한 것이다. 화장품 원료의 경우 물질 자체의 효능은 뛰어나지만 물질 용해도가 낮아 제품화가 어려운 성분들이 많은데, 이번 연구 성과를 토대로 최적의 효능 소재를 개발하는 데 도움이 될 것으로 예상된다. 이를 통해 LG생활건강은 세계적으로 주목받고 있는 피부 항노화 트렌드인 '스킨 롱제비티(Skin Longevity, 피부 장수)' 개념을 적용해 AI 기반의 고효능 소재를 활용한 다양한 화장품 원료를 개발할 계획이다(https://www.lghnh.com/).

이번 연구는 화장품 효능 소재 개발 과정에서 AI가 분자 단계부터 전체 연구 공정을 설계했다는 점에서 큰 의미가 있다. 기존 국내 화장품 업계는 AI를 활용해 축적된 데이터를 분석하는 방식에 머물렀지만, LG생활건강은 한발 더 나아가 AI가 직접 신물질을 발굴하는 방식으로 연구를 진행했다. 이러한 혁신을 가능하게 한 것은 LG AI 연구원의 신물질 발굴 특화 AI 모델 '엑사원 디스커버리(EXAONE Discovery)'다. 엑사원 디스커버리는 물질의 분자 구조 데이터를 대량 분석해 각 물질의 특성을 예측하고, 연구에 활용할 후보 물질을 신속하게 선별할 수 있도록 지원하는 것이다.

기존 연구 방식에서는 연구자의 경험과 논문에 의존해 후보 물질을 선정하는 것에만 평균 1년 10개월이 소요되었으며, 다양한 실험 재료를 구매하는 데 드는 비용과 보관상의 문제 등이 발생했다. 반면 이번 연구에서는 AI를 활용해 후보 물질을 발굴하는 데 단 하루(1일)밖에 걸리지 않은 것이다.

바이오테크와 AI

AI로 인한 연구 개발 과정의 시간이 천지개벽할 만한 수준으로 짧아진 것이다. 물론 수없이 많은 검증과 데이터의 축적은 기본 바탕이겠지만, 현재는 AI의 활용으로 인한 연구와 개발 속도 증진이 빠르게 이루어지고 있다.

AI 기술을 이용한 화장품 신원료 선정은 우선 문헌 검색을 이용한 후보 물질(효능 물질 발굴)을 탐색하고 AI를 이용한 신규 활성 물질 도출, 다양한 유도체 화합물을 합성해 물질 구조, 효능 상관성 분석(Structure, Activity Relatioship analysis, SAR analysis)으로 효능의 검증, 안전성과 안정성 평가, 임상 평가를 하는 과정을 통해 개발된다. 이처럼 개발 단계에서의 초기 실패와 위험성 등을 AI의 활용으로 현저히 낮추고 있다(전미준, 2025).

바이오테크는 화장품 제조 시 안전성에 문제가 발생할 수 있는 성분을 대체하는 역할도 한다.

바이오테크로 탄생한 액티베이티드 실크 33B (Activated Silk 33B)는 화장품 제조 시에 점도 조절과 계면 활성제로 사용되는 아크릴산(Acrylic acid)과 소듐 라우레스 설페이트(Sodium Laureth Sulfate)를 대체한다. 이 두 가지 성분은 화장품에 광범위하게 사용되고 있으나 오랜 기간 사용하였을 때 피부 자극과 세포 장애, 면

역 기능 저하 등을 유발할 수 있어 많은 소비자가 기피하는 성분이다. 피부에 유효하고 안전한 성분을 바이오테크를 통해 찾아 나가는 중이다(유제옥, 2021).

바이오테크의 넥스트 젠

뷰티 업계는 환경 보호를 위한 지속 가능성 실현을 큰 숙제로 안고 있다. 패키징이나 유통뿐만 아니라 원료 소싱까지 제품의 지속 가능성을 꼼꼼하게 들여다보고 구매를 결정하는 소비자들이 늘어나고 있으며 환경 보호에 대한 기업의 사회적 책임도 커져 가고 있다. 실제로 많은 미국 소비자들이 화장품 구매 시 제품의 지속 가능성을 중요하게 인식하고 있다. 미국 내 여성 뷰티 소비자 2000명을 대상으로 설문 조사한 결과 뷰티 제품의 지속 가능성이 구매 결정에서 매우 중요하다고 응답한 비율은 64%로 아주 높은 수치를 나타냈다. 이번 조사가 시사하는 바는 뷰티 업계가 제품의 다양성, 효과, 디자인에만 힘을 쏟을 게 아니라, 사회적 책임을 다하는 산업으로 나아가야 하고 그러한 기업들이 고객의 선택을 받을 수 있으리라는 것이다(최미정 · 김유리, 2024).

제약, 농업, 보건 등 다양한 분야에서 응용됐던 생명공학이 뷰티 업계의 지속 가능성 실현의 중요한 열쇠로 인식되고 있어, 바이오테크 뷰티 트렌드는 더욱 확산할 것으로 전망되고 있다. 또한 화장품 성분의 안전성과 지속 가능성 측면 때문에 최근 수년간 뷰티 시장에서 바이오테크 뷰티 제품 역시 인지도가 높아졌다(김현주, 2023). 바이오테크 뷰티가 부상함에 따라 한국 생명 공학과 화장품 기업들의 해외 진출 발판이 더욱 넓어질 것으로 예상된다. 글로벌 기업과의 파트너십 기회가 확대됨에 따라 이를 대비한 전략 마련이 필요해 보인다. 화장품 기업은 소비자들의 높은 지속 가능성 기대치에 부합하도록 노력함과 동시에 바이오테크 뷰티 트렌드에 관심을 기울여 AI를 통해 안전하고, 동물성 원료 배제가 가능한 제품 개발과 마케팅 전략을 효과적으로 실시하여 세계 뷰티 시장의 선두 주자가 될 수 있을 것이다.

참고문헌

김현주(2023). 보건복지부 의료기기 · 화장품 등의 경쟁 우위 유지하고 새로운 세계시장 창출할 것 : 바이오헬스산업 수출 활성화 전략 방안. ≪나라경제≫, 34권 5호 52.

대한무역공사(2023). 미국 화장품시장, 이제 '바이오테크 뷰티'가 대세. https://dream.kotra.or.kr/dream/cms/news/actionKotraBoardDetail.do?CONTENTS_NO=1&MENU_ID=3550&SITE_NO=2&bbsGbn=243&bbsSn=243&pNttSn=202442

유제옥(2021). 바이오 항체 소재 개발 및 이를 이용한 바이오 화장품 사업화. ≪CBF 바이오경제 이슈포커스≫, 2021권 12호, 17.

전미준(2025.2.16.). LG생활건강, LG AI연구원과 인공지능 기반 신물질 화장품 효능 성분 개발 성공. 인공지능신문, https://www.aitimes.kr/news/articleView.html?idxno=33898

최미정 · 김유리(2024). 바이오 화장품에 지각된 가치가 신뢰 및 재구매 의도에 미치는 영향. ≪아시안뷰티화장품학술지≫, 22권 1호, 13.

LG생활건강. https://www.lghnh.com/

10
화장품 중소기업과 AI

현재 화장품 대기업들은 AI를 활용해 다양한 분야에서 혁신을 이루고 있다. 맞춤형 제품 추천 및 피부 분석, 스킨케어 및 메이크업 가상 체험, AI 기반 고객 서비스 챗봇 등 고객 경험의 향상이나 효율적인 운영과 소셜 미디어 및 고객 피드백 분석, 공급망 및 재고 관리, 지속 가능한 환경과 친화적인 연구와 같은 제품 개발과 마케팅에 AI를 효율적으로 활용하면서 동시에 AI 시스템 개발도 진행하고 있다.

종교와 AI?

화장품 기업과 AI

현재 화장품 대기업들은 AI를 활용해 다양한 분야에서 혁신을 이루고 있다. 맞춤형 제품 추천 및 피부 분석, 스킨케어 및 메이크업 가상 체험, AI 기반 고객 서비스 챗봇 등, 고객 경험의 향상이나 효율적인 운영과 소셜 미디어 및 고객 피드백 분석, 공급망 및 재고 관리, 지속 가능한 환경과 친화적인 연구와 같은 제품 개발과 마케팅에 AI를 효율적으로 활용하면서 동시에 AI 시스템 개발도 진행하고 있다(이유환, 2023).

하지만 중소기업에서의 AI의 활용, 도입은 사정이 다르다. 2024년 중소기업중앙회는 300개 중소기업을 대상으로 실시한 '중소기업 인공지능 활용 의향 실태 조사' 결과를 발표했다. 이번 조사는 중소기업 내의 AI 활용 확대 방안을 모색하기 위해 실시됐다. 조사 결과 현재 AI를 적용 중인 중소기업은 5.3%에 그쳤고, 적용하지 않은 기업은 94.7%에 달했다. 또한 향후 AI 도입을 희망하는 기업은 전체의 16.3%로 나타났다.

중소기업이 AI를 적용하지 않은 주된 이유는 낮은 필요성과 활용 방법에 대한 인지 부족 때문이다. 대다수의 중소기업인 80.7%가 '우리 사업에 AI가 필요하지 않다'라고 응답하였고 14.9%가 '회사 경영에 어떻게 도움이

되는지 잘 모르겠다', 4.4%가 'AI 도입 및 유지 비용이 부담된다'라고 응답했다.

반면 AI 기술 적용을 계획하고 있는 분야에 대해서는 먼저 '비전 시스템으로 결함 탐지·불량률 요인 분석'(44.7%)을 가장 많이 응답하였고 다음으로 '새로운 시장·고객 개척, 마케팅/광고'(37.7%), '과거 판매 데이터 분석 및 향후 판매 예측'(31.3%) 순으로 응답했다(김혜준, 2024).

주목할 만한 것은 낮은 필요성과 활용 방법에 대한 인지 부족의 비율이다. 현재 AI의 활용은 초, 중, 고등학생과 대학생 등 젊은 세대에서는 전혀 낯설지가 않다. 오히려 젊은 세대는 많은 부분에서 적극적으로 AI를 활용하고 있고 도움을 받고 있다. 예로 최근 필자가 낸 과제를 학생들이 제출할 때, 거의 완벽에 가깝게 완성하는 경우가 늘어났다. 수학적 계산이나 답이 정해져 있지 않은 과제임에도 다양한 아이디어와 완성도는 가히 놀라울 정도다.

이는 오픈AI의 챗GPT가 등장한 이후 나타난 변화다. 대학생들에게 챗GPT의 활용은 데이터의 확보와 수학적 계산, 통계적 확인에 그치지 않을 뿐 아니라 한계도 두지 않는다. 명령어를 입력하면 할수록 더욱 정확하고 정교

해지기 때문에 사용자는 다양한 아이디어를 가진 명령어를 입력하게 되는 것이다.

이처럼 편하고 가까운 간단한 AI 시스템만 활용하더라도 얻을 수 있는 가치는 크다. 다시 말해 중소업체에서 챗GPT만 잘 활용한다면 현재 고객들이 원하는 트렌드, 어렵게 확인하지 않아도 될 통계 수치, 시장의 흐름을 보다 더 정확히 확인하여 기업 운영을 효율적으로 할 수 있다. 가장 부담 없이 도입할 수 있으며 조직 구성원들의 업무 환경을 개선할 수 있는 가장 손쉬운 AI 활용 방법이다(오상훈, 2024).

오픈AI의 활용

기업에서 AI 활용의 목표가 클 필요도 없다. 우선 명확한 목표로 특정 부서에서 가능한 업무 분야에만 시험 운영을 해 볼 수 있다. 중소업체에서는 새로운 원료의 개발이나 성분 분석보다 트렌드를 분석하고 고객의 피드백을 확인하는 것에 활용하여 업체의 직접적 매출을 향상하는 곳에 적용하는 것이 좋다.

다음 단계로 담당 조직을 구성하는 것이다. 이에 따른 업체의 인건비는 당장은 늘어날 수 있지만 시간이 흐른 뒤에는 업무의 효율성이 늘어나고 투입되는 인력은 점차 줄어들 것이다. 인력이 손으로, 시간으로 해 내야만 하던 것들이 사라지고 여러 명이 담당하던 마케팅, 고객 분석, 고객 서비스(CS) 등이 한두 사람으로 가능해진다.

또한 화장품 업계뿐만 아니라 모든 산업에서 가장 중요한 소셜 미디어 분석, 키워드 분석에 AI를 활용하기가 너무나도 간단하고 쉬워진 것이 오픈AI 덕분이다. 지금 당장 간단하게 키워드만 타이핑하면 수많은 자료들이 몇 초 내에 확인된다. 오픈AI 등장 전에는 하나하나 각각의 홈페이지에 찾아 들어가 확인해야만 했던 것들을 한 번에 확인하고 간단한 검증을 거치기만 하면 되는 것이다.

이와 같이 중소업체에서 가장 필요하고 많은 시간이 소요되는 부분부터 차근차근 시작해 나가야 할 것이다. 물론 규모가 작은 중소업체에서 AI 시스템 도입에 발생하는 초기 비용이 부담되는 것은 사실이다. 하지만 시간이 지난 뒤를 생각하면 지금부터 당장 도입하는 것이 옳을 것이다.

AI 리터러시

현재 시대의 중요한 의제인 AI의 도입으로 중소기업과 대기업 간 양극화가 진행되고 있다. 대기업에서는 적극적인 활용 방안 마련과 새로운 시스템 구축에 힘쓰고 있는 반면, 중소업체는 그렇지가 않다. 중소업체의 AI 도입이 늦어지는 것은 AI 리터러시(AI Literacy)가 부족한 탓이 크다. 지금은 중소업체의 AI 리터러시를 높이는 작업을 본격적으로 확대해야 할 시점이다. AI 리터러시는 인공지능 기술을 이해하고 이를 효과적으로 활용할 수 있는 능력을 의미한다. 모든 분야에서 점점 더 많이 AI 기술과 함께 살아가야 하기 때문이다. AI가 다양한 분야에 적용되고 있기 때문에, 이를 제대로 이해하고 활용할 수 있는 능력은 기업에서뿐만 아니라 개인의 직업적 경쟁력이나 사회적 역할에서도 중요한 요소가 된다.

디지털 전환이 가속화되고 있는 현재 시점에서 중소기업의 지속 가능한 경쟁력 확보를 위해서는 AI 기술의 적극적인 도입 및 활용이 매우 중요하다. 2024년 4월 중소벤처기업부가 발표한 중소기업 도약 전략에서는 AI 전환을 통해 미래 성장을 꾀하고 있음을 알 수 있다. 국내 중소기업은 대기업 대비 만성적으로 생산성 격차가 매우 큰데, AI 활용 등 디지털 전환을 따라가지 못한다면 생산성 격차는 더욱 확대될 것이다(중소벤처기업부, 2024). AI 기술의 도입이 중소기업의 경쟁력에 매우 큰 영향을 미칠 수 있는 만큼 중소기업의 AI 기술 도입 및 활용을 촉진하기 위한 정부의 지원 방안이 강화될 필요가 있을 것이다.

또한 중소기업이 AI 기술을 성공적으로 도입하기 위해서는 AI 도입 및 활용에 따라 변화되는 조직 문화를 관리하는 것이 매우 중요하다. 조직 구성원 교육 훈련 측면에서는 AI 교육 프로그램 제공과 지속적인 학습 문화가 중요하다. AI 도입 필요성과 이점을 명확하게 전달하고 참여를 유도하는 것이 필요하다(권준화, 2024). 이를 통해 중소기업은 대기업과의 간극을 줄일 수 있을 것이며 지속 가능한 성장을 이루어 낼 수 있을 것이다.

참고문헌

권준화(2024). 중소기업의 AI 도입 및 활용에 관한 사례분석과 시사점. ≪중소기업정책연구보고서≫, 2024권 11호, 1.

김혜준(2024.11.4). 中企 10곳 중 1곳만 AI 활용 알고있어 중기중앙회 "우수사례·활용법 알려야". 중소기업신문. https://www.smedaily.co.kr/news/articleView.html?idxno=308393

오상훈(2024). ChatGPT의 원리, 활용, 한계와 업무효율화. ≪지식과 교양≫, 14호 : 687.

이유환(2023). 디지털 전환 핵심기술(ICBM + AI) 도입이 제조기업의 혁신성과에 미치는 영향 연구: 혁신전략의 조절 효과를 중심으로. ≪기업경영연구≫, 30권 5호, 53.

중소벤처기업부(2024.4.29). 중소기업이 새롭게 도약합니다!

「중소기업 도약 전략」 발표.
https://www.mss.go.kr/site/smba/ex/bbs/View.do?bcIdx=1049978&cbIdx=86&parentSeq=1049978

김영삼

건국대학교에서 향장생물학 박사, 동국대학교에서 정치학 박사 학위를 취득했으며, 박사 논문 주제로 "캡사이신 용액 도포에 의한 육모효과가 짝눈썹 개선과 이미지 변화에 미치는 영향"에 관한 연구를 진행했다. 또한, "현대여성의 명품선호도와 퍼스널 이미지의 가치 추구에 관한 연구"를 통해 현대 여성들의 이미지와 가치 추구에 대한 깊은 통찰을 제시한 바 있다. 건국대학교 산업대학원에서 이미지 산업학과와 향장학과 학과장을 역임하고 화장품공학과 교수로서 후학을 양성했다. 한국광고자문위원과 이미지 메이킹학회 회장직을 맡으며 이미지 메이킹 분야의 발전에 기여한 바 있다. 현재 여의도연구원의 정책자문위원회 교육분과위원장과 이데아연구소 소장으로 활동 중이다. 주요 연구와 실무는 이미지와 화장품 산업, 그리고 개인의 이미지 변화와 관련된 분야에서 이루어지고 있다. 주요 저서로 『컬러플래닝』을 출판했으며, 논문으로는 "Effect of Ectoin a Natural Ingredient on Skin Hydration and Skin Moisture Content"(2018)가 있고 그 외 다수의 화장품, 이미지에 관련된 논문을 등재학술지에 게재했다.

서동만

건국대학교 일반대학원 화장품공학학과에서 화장품공학 박사 학위를 취득했다. 현재 주식회사 대림글로벌의 대표이사로 재직 중이며, 사단법인 인천광역시 중소벤처기업협회 회장, 중장

년기술창업센터장 외 다수의 협회 회장과 사단법인 전국글로벌최고경영자클럽 중앙회장을 맡고 있다. 또한, 인천 중장년기술창업센터장과 인천광역시 일자리위원회 위원, 인천 서구 노인인력개발센터 위원장, 아너소사이어티 회원으로서 지역사회와 경제 발전을 위해 활발히 활동하고 있다. 문화체육관광부장관 표창, 행정안전부장관 표창, 인천산업평화대상 표창, 산업통상자원부장관 표창, 대통령 표창, 중소벤처기업부 장관 표창 등 다수의 수상 경력으로 리더십과 전문성을 입증했으며, 사회적 책임을 다하는 기업인으로 인정받고 있다. "Effects of Weakly Acidic and Weak Alkali Electrolytic Water Treatment on Dyed Hair"(2025) 등 다수의 논문을 등재학술지에 게재했다.

조현열

건국대학교 일반대학원 화장품공학학과에서 화장품공학 박사학위를 취득했다. 뷰티 산업에 대한 깊은 이해를 바탕으로 연구와 강의 활동을 이어 가고 있다. 2004년부터 21년간 뷰티 분야에서 다양한 경험을 쌓아 왔으며, 현재 부티코화장품에서 활동 중이다. 현재는 세계사이버대학교 피부미용뷰티학과, 건국대학교 K뷰티산업융합학과, 건국대학교 산업대학원 이미지산업학과에서 강의하고 있다. "Effects of Electrolytic Water Treatment on Hair coloring and Bleaching"(2024) 등 다수의 논문을 등재학술지에 게재했다.